$$i\hbar\frac{\partial}{\partial t}\Psi(r,t)=$$

$$\left(-\frac{\hbar}{2m}\nabla^2+V(r,t)\right)\Psi(r,t)$$

A True Story of Teamwork, Leadership,
and High-Stakes Innovation

THE RIGHT KIND
OF CRAZY

$e^{-\frac{1}{2}}$

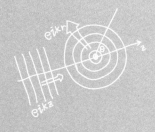

疯狂到位

高风险情境下团队如何协作与创新

[美] 亚当·施特尔茨（Adam Steltzner）　威廉·帕特里克（William Patrick）◎著

李文远◎译

ZHEJIANG UNIVERSITY PRESS
浙江大学出版社

图书在版编目（CIP）数据

疯狂到位:高风险情境下团队如何协作与创新 /（美）亚当·施特尔茨(Adam Steltzner),（美）威廉·帕特里克(William Patrick)著;李文远译. —杭州:浙江大学出版社,2016.7
书名原文:The Right Kind of Crazy:A True Story of Teamwork, Leadership and High-Stakes Innovation
ISBN 978-7-308-15837-4

Ⅰ.①疯… Ⅱ.①亚… ②威… ③李… Ⅲ.①企业管理－组织管理学 Ⅳ.①F272.9

中国版本图书馆 CIP 数据核字（2016）第 109132 号

疯狂到位:高风险情境下团队如何协作与创新
（美）亚当·施特尔茨(Adam Steltzner)&
（美）威廉·帕特里克(William Patrick)著;李文远译

策　　划	杭州蓝狮子文化创意股份有限公司	
责任编辑	姜井勇	
责任校对	徐　婵	
出版发行	浙江大学出版社	
	（杭州市天目山路 148 号　邮政编码 310007）	
	（网址:http://www.zjupress.com）	
排　　版	杭州隆盛图文制作有限公司	
印　　刷	杭州钱江彩色印务有限公司	
开　　本	710mm×1000mm　1/16	
印　　张	15.25	
字　　数	190 千	
版 印 次	2016 年 7 月第 1 版　2016 年 7 月第 1 次印刷	
书　　号	ISBN 978-7-308-15837-4	
定　　价	46.00 元	

致　辞

　　我想将本书献给史蒂芬·普拉塔博士(Dr. Stephen Prata)，他是我在加州肯特菲尔德(Kentfield)马林学院(College of Marin)的物理学讲师。在课堂上，普拉塔博士喜欢与学生们分享他在物理学探索之旅中发现的那些令人激动和兴奋的事物。他向学生展示了一个宏伟、壮观的物理世界，我们只要追随自己的好奇心，就能够了解这个世界。好奇心有如星星之火，而思考、探索和学习能让这股星星之火成燎原之势。普拉塔博士帮助我找到了这朵好奇的火花，并促使它变成一场探索和学习的熊熊烈火，改变了我的人生；它在时间的荒野上蔓延，成就了今天的我，让我写下这段奇妙的旅程。

第1章
"好奇号"着陆之夜

　　这里是加州帕萨迪纳市(Pasadena)喷气推进实验室——"太空飞行指挥中心"的飞行任务后勤保障区。我正在把我的苹果手机连接到语音操作通信系统,准备播放纳尔逊·里德尔(Nelson Riddle)①1964年的专辑《深邃蓝眸》(*Old Blue Eyes*)里面的一首歌曲《成与败》(*All or Nothing At All*)。

　　现在是2012年8月5日,晚上8点不到。在我们的团队付出巨大努力之后,一辆与宝马迷你库柏(MINI Cooper)汽车差不多大小的火星车即将登陆火星,我们也将迎来这次火星登陆计划的高潮。这项名为"火星科学实验室"(Mars Science Laboratory)的计划花了我们整整10年时间才走到今天这一步。今晚,我们要把火星车轻轻地降落在选定地点,任务才算圆满完成;而如果着陆失败的话,火星表面就会留下一个冒烟的大坑。无论发生哪种情况,我们在接下来的7分钟里都无从得知,因为这7分钟正是数据从火星传回地球的时间。

　　我的好友米盖尔·圣·马丁(Miguel San Martin)就坐在我身边。他正弯腰操作着台式电脑,准备把他的语音通信耳机连接到苹果手机

①　美国著名音乐人,曾获奥斯卡奖。——编者注

外接小音箱上。米盖尔也是我的得力助手,他负责火星登陆计划的关键环节,即飞行器的"进入(Entry)—下降(Descent)—着陆(Landing)"过程,简称 EDL 阶段。

大约在 10 年前,我们接受了一个听起来相当简单的任务。我们要设计一套方案,把一个重达 5359 磅的飞行器毫发无损地送入火星大气层,然后使其减速,并引导它降落在指定着陆点,让它平安无恙地抵达火星地表;而在这个飞行器上,还携带着一辆重达 1982 磅、名为"好奇号"(Curiosity)的火星车。

再过两个多小时,即太平洋时间晚上 10 点 32 分,我们就会知道过去 10 年的辛苦付出是否得到了回报。这是最关键的时刻,也是答案即将揭晓的时刻。

作为 EDL 小组的首席工程师,我在今晚的主要任务就是出现在指挥现场,接受人们对我们这个团队的赞扬或嘲讽。我们团队负责的内容可能是这个极其复杂的项目中最具潜在风险的一环,但无疑也是最引人注目的一环。EDL 就像是一场大型演唱会上一段激情四射的吉他独奏,它也许并不是演唱会最根本的构成要素,但无论吉他手表演得是好是坏,每个观众第二天都会记得这段独奏。

为了完成这次火星登陆计划,数千名专业人士花费了职业生涯的大部分时间,每周工作 50~80 个小时。光是在我们这个 EDL 小组,就有 50 名员工。这无疑是一个需要团队协作的项目,而且需要一个无比卓越的团队为之付出努力。但是,正如我的好友兼导师、喷气推进实验室的老前辈金特里·李(Gentry Lee)所言,一旦项目出现问题,总有人需要为此"背黑锅",而我就是那个背黑锅的人。

喷气推进实验室有一个悠久的传统,即在火星的每个早晨,我们都要播放一首"起床歌"。我们选的都是类似于《不要忧虑,要快乐》

(*Don't Worry*，*Be Happy*)①这类明亮欢快的歌曲。不过，今晚的选歌权在我和米盖尔的手里，放什么歌由我们说了算。我们想选一首能够描述我们真实处境的歌曲，因为追求真理是我们的传统。

我们打开播放开关，选定的歌曲便通过实验室的语音操作通信系统进入到所有人的耳机里。首先传入听众耳朵的是一种平滑柔和的铜管乐器声——我猜这是长号声；然后，中间插入一段弱音小号的旋律，接着又是长号声，然后是一段哈蒙德 B-3（Hammond B-3）风琴声。各种乐器声都伴随着飘忽不定的鼓点。然后，里德尔很应景地唱着："要么功成名就……要么一败涂地……"

我花了一小段时间去享受这段音乐。它很有电影的画面感。在音乐声中，你仿佛在俯瞰着穆赫兰大道（Mulholland Drive）②，远处残阳如血，映衬出洛杉矶的城市轮廓线；或者，你仿佛看见一辆 1957 年版的雷鸟汽车（Thunderbird car）③缓缓驶入金沙酒店（The Sands）④，开车的人是蒂诺（Deeno），而坐在副驾驶座上的是小萨米·戴维斯（Sammy Davis Jr.）⑤。这段音乐适合那种人们打着细窄领带、喝着干马天尼酒的社交场景，尤其适合像电影《十一罗汉》（*Ocean's Eleven*）这种惊险喜剧片——我说的是原版《十一罗汉》，而不是翻拍版本。

在太空飞行指挥中心和我们一起听音乐的还有另外一些大人物，分别是加州理工学院（California Institute of Technology）院长、喷气推进实验室负责人（该部门隶属于加州理工学院）以及美国宇航局

---

① 美国歌手博比·麦克费林（Bobby Mcferrin）的一首歌曲。——编者注

② 洛杉矶最为知名的街道之一，以著名工程师威廉·穆赫兰（William Mulholland）的名字命名。——编者注

③ 福特公司的招牌车型之一。——编者注

④ 新加坡滨海湾金沙酒店（Marina Bay Sands）号称是当今世界上最昂贵的酒店，于 2010 年 6 月 23 日举行了盛大的开业庆典。——编者注

⑤ 美国著名歌唱家。——编者注

(NASA)局长;甚至连大导演詹姆斯·卡梅隆(James Cameron)也来到了现场,他想看看真实的火星登陆场景是什么样子的。

自从太空穿梭机(Space Shuttle)项目在2010年被取消之后,对美国宇航局的高层来说,探测火星就成为唯一的选择;而对于太空迷而言,这次火星登陆计划就犹如球迷心中的世界杯比赛一般神圣。在指挥中心旁边有两个大房间,里面有餐饮服务,还有好几扇可以看到指挥中心的透明玻璃窗。房间里挤满了各州州长、国会议员和其他各色人等,他们的西服上都别着国旗胸针。据说总统夫人也要参加这个仪式,但她最终并没有出现,想必是因为其他事情耽误了。

早在一年多以前,这个项目的负责人就根据天体力学和现有火星轨道的位置选定了这天作为火星车着陆的日子,以便于对火星车的降落过程进行拍照并传送数据。该项目在2011年11月就启动了,当时,携带着"好奇号"的太空舱被安装在一枚价值3亿美金的阿特拉斯V-51(Atlas V-51)火箭上,从肯尼迪航天中心(Kennedy Space Center)发射进入太空。也就是说,在过去8个半月时间里,我们很多人用了将近10年时间研发的这艘飞船带着人类一万多年心血的结晶,在太空中以大约1.3万英里时速向红色的火星急速飞行。

把航天设备送上火星是件非常困难的事。根据火星与地球的相对运行情况,火星近地点和远地点的距离分别是4000万英里和3.5亿英里;而且火星每秒绕太阳公转24公里,即每小时5万多英里。此外,这次火星车的着陆地点是火星的埃俄利斯区(Aeolis)[①]西北角夏普山(Mount Sharp)附近的盖尔陨石坑(Gale Crater)。让一个装满了精密科学仪器的火星车在特定地点着陆本来就是一件难事;而要做到分秒

---

① 美国地质调查局依经纬度将整个火星地表分为30个长方形区域,埃俄利斯区是其中一个区域。——译者注

不差，那简直是难上加难。然而，这正是我有幸带领的工程师团队所要实现的目标。

火星大气层是由充满尘埃的二氧化碳组成的，这让着陆任务变得更加困难。火星的重力只有地球的三分之一，它的空气很稀薄，几乎不对从空中急速下降的物体产生任何阻力；但是，当一个物体以大约每小时 1.3 万英里的速度下降时，这种稀薄的空气还是会让该物体产生极高的温度。因此，探测器在降落的时候需要配备两样东西：一是超大号的降落伞，而且这顶降落伞在两倍于音速的速度下能照常打开，帮助探测器减缓下坠速度；二是隔热罩，避免飞行器在进入火星大气层的时候摩擦起火。

在隔热罩保护着探测器穿过大气层之后，我们要用爆破装置把隔热罩分离，让雷达可以观测到火星表面；然后，常规火箭推进器启动，进一步减缓探测器的下降速度，并引导整个下降过程。我们以前把探测器送上过火星，而且一直用的就是这种方法。但令人失望的是，我们在 20 世纪 70 年代的"海盗号"（Viking）项目中使用的长脚着陆器只能在十分平整的地表安全着陆。我们想让"好奇号"按科学家的科研要求开展工作，也就是说，它要穿越斜坡、巨石和火星特有的地表。在前几年的"火星探路者号"（Mars Pathfinder）和"火星探测漫游者号"（Mars Exploration Rover）项目中，我们用优质气泡衬垫做成的安全气囊把体积较小的载荷投放到火星表面；但对"好奇号"这么大体积和重量的火星车来说，这些安全气囊容易破裂、漏气，并导致火星车与地表产生猛烈碰撞。

我们想到的解决方案就是使用"天空起重机"（sky crane）。在动画片《大笨狼怀尔》（*Wile E. Coyote*）中，大笨狼怀尔用艾克米公司（Acme）的航空材料临时拼凑出来一个装置。这个装置与天空起重机的外形很相似；当然了，从理论上来说，这样的装置无法给予人们信心。

时任美国宇航局局长迈克尔·格里芬（Michael Griffin）一听到这个想法就说了句让人印象深刻的话："我觉得这太疯狂了。"我们告诉他，这是一种"恰到好处的疯狂"。虽然他被我们说服了，但其实我们知道，我们要面临巨大的风险。

以下是我们的具体设想：

在"好奇号"经过将近 9 个月、长达 3.5 亿英里的太空飞行之后，我们 EDL 小组的工作才刚刚开始。首先，我们要把飞船从一个星际探测器转变为适应在火星大气层飞行的"飞行器"。我们把着陆器的供电来源从太阳能转变为核能。当飞船进入火星大气层的时候，我们必须让它对准适当的角度，并且能够承受 15 倍于地球引力的减速力以及 3800 华氏度（即 2100 摄氏度）的高温。在离地面 7 英里的高空，大气摩擦力将把着陆器的速度降低到大约每小时 1000 英里。就在这个时候，我们打开超音速降落伞。24 秒之后，隔热罩分离，雷达能观察到火星表面。在距离地面 1 英里的高度，降落伞与着陆器分离，反冲发动机启动，让着陆器停留在距离地面 60 英尺的高度。接下来就该天空起重机登场了：天空起重机用一组缆绳将"好奇号"火星车缓缓放下。然后，被 25 英尺长缆绳隔开的火星车和天空起重机一起向火星地表降落。火星车接触地面后，我们要立刻收回缆绳，以便让缆绳在整个模块中继续以低于每小时 2 英里的速度下降时保持绷紧状态。此刻，小闸刀会把缆绳剪断，大功告成的天空起重机飞到安全距离之外并撞向地表，让火星车独自留在降落点，并准备开始执行地面工作（如果一切正常的话）。

一旦这个方案的任何一个环节出现问题，我们就会被人们视为白痴，而我肯定会成为众矢之的。实际上，在飞船的成千上万个零件中，哪怕只有一个零件出差错，都会造成灾难性的损失。

所以，你想象得出来，在发现那个小故障之前，我们整个 EDL 团队已经有多么紧张和焦虑。

那个故障是由米盖尔·圣·马丁发现的。除了帮我统筹管理和带领 EDL 团队之外，米盖尔还扮演着总工程师角色，负责整个团队的技术指导、引导和管控工作。在飞船进入火星大气层的 72 小时前，他发现我们的"导航中心"出现了一个错误。该"导航中心"由一组参数构成，是飞船的动态数据核心，我们可以根据其提供的数据对航天器的动力学运动状况进行评估。装载在飞船上的计算机会进行数十万次运算，以决定飞船要以多快速度飞行，并且要飞往哪个方向，而这些运算都基于那个约定的起始点。

在喷气推进实验室，我们在各种平台或"试验床"上测试过所有软件。这些平台或试验床的精密程度各不相同，其中最完备的一个平台是"好奇号"的复制品，它有着一个挺乏味的名字，叫作"运载系统测试床"（Vehicle System Test Bed），简称"VSTB"。该平台位于喷气推进实验室一个仿火星环境中，它的面积有一个网球场那么大，到处布满了岩石和碎石，我们称之为"火星场"（Mars Yard）。但是，此次火星着陆计划各个环节的软件开发人员和团队都争相使用这个场地，所以我们只好另外找地方复制了两个"火星场"，并用类似的方式命名为"飞行任务系统测试床"（简称"MSTB"）和"飞行软件测试装置"（简称"FSTS"），不过这两个地方的条件都没有"火星场"那么完备。当我们在这些不同的平台进行模拟着陆测试时，米盖尔发现，测试结果会随着试验床的变化而产生细微差异，而按道理来讲，这种情况本来是不应该发生的。

这种差异反映在：火星车在着陆时会出现不到 0.1 秒的时间差以及不到 1 英寸/秒的速度差。如果换作另一名工程师，很可能会完全无视这种差异，但米盖尔为此感到困扰不已。早在 1997 年，他就已经负责"火星探路者计划"（Mars Pathfinder）的导航和控制工作，这项计划使喷气推进实验室重获新生，并开启了火星探测的新时代。在"火星探路者号"安全登陆火星之后，米盖尔从雷达传回的数据中发现了一处

"时滞"误差。这个误差还没有大到足以影响计划成败的地步,但它也确实令人感到不安。15 年后,这个问题仍然困扰着他。

米盖尔的担忧总会成为我的担忧。

我带领的团队只负责火星项目的某个环节,可即便如此,我也要做一些"表里不一"的事情。对外,我要捍卫团队行为的合理性;而对内,我要对接下来发生的每一件事保持批判态度,找出那些足以危及项目的潜在危险。尽管我已经在这个项目上花费了 9 年时间,但我对项目能否取得成功也没有十足的把握。我的团队已经花了太多时间去预测可能导致项目失败的因素。在"好奇号"登陆火星前几个月,我的想法大致是这样的:我们在继续推进这个项目,我觉得它可能不会成功,但我又想不出它失败的理由;据我所知,这个项目会成功,可我又觉得它会失败。我知道,我们对这艘飞船所知有限,因为我们无法掌握它的全部信息,而且这个项目规模宏大,不是我们这个小团队驾驭得了的。

1986 年,"挑战者号"(Challenger)航天飞机发射失败,飞船上的 7 名机组成员全部丧生,这一幕让全世界观看电视直播的观众都感到无比痛心。然而,航天任务出错并不一定意味着会发生这种令人心痛的灾难。对我们来说,航天任务成败与否跟来自数百万英里以外的无线电信号有关。如果遥测技术出错,可能只会造成短暂的通讯错误。以前,我们曾经和一架航天器失去联系,并最终与之恢复了通讯;但在很多时候,那些失去联系的宇宙飞船从此音讯全无。在 EDL 阶段,如果我们的飞船没有任何回音,那就很可能是出现了这种状况。只要我们一直没有收到显示着陆成功的数据,我们就可以宣布任务失败了。

在过去将近 9 个月火星之旅的大部分时间里,飞船的位置最多只能由地球上的射电望远镜估算出来。然而,当它离火星越来越近的时候,火星的地心引力便能消除一切不确定因素。我们了解火星的方位,了解万有引力定律,但只有到降落的最后一刻,我们对飞船能否着陆成功才更有把握。如果我们发现某些事情不符合预期，我们还有最后一次机会进行调整。正是在这紧要关头，米盖尔发现了问题，不过这个问题与接近火星的过程毫无关系。

在对试验床数据中发现的差异进行深入研究之后，他开始思考问题的本质。这个棘手的难题是由三个数字引起的。这三个数字代表着三个坐标轴，而通过这三个坐标轴，我们可以找出导航中心的准确位置。研究结果表明，当我们的供应商霍尼韦尔公司（Honeywell）向我们交付惯性测量单元（制导系统的核心部件）时，喷气推进实验室的一个家伙录错了那三个数字。火箭科学是一门高科技行业，但从事这门行业的是人，而人就难免会犯错。

在我们的飞船历经长途跋涉奔向火星之际，我们会定期举行会议，讨论飞船在接近火星时需要微调的软件参数，而轨道参数就是这些数据之一。火星上的沙尘暴是极其可怕的，所以在任何时候，我们很多人都会关注火星上的最新天气情况。我们不仅关心着陆点的天气，还关心整个火星的气候，以便随时对飞船的飞行路线进行微调。我们已经计划好更改这类数据，并且设计了相关软件，可以万无一失地对数据进行更改。

我们的软件有一些更核心的参数，比如米盖尔正在寻找的"导航中心"数据就属于这类参数，但它们并没有被设置好。当然了，我们可以更改这些参数，但这样做是有风险的。这个项目已经进行了 9 个年头，而飞船也在太空中飞行了将近 9 个月；再过两天，整个项目就要大功告成了。在这个节骨眼上，除非有极其充分的理由，否则没人想改动任何东西。我当然不会轻率地更改软件的重要参数，因为就算鼓捣几个类似于日期或时间的常数，也有可能在不经意间改变其他 30000 个参数中的其中一个，并造成灾难性的后果。

但现在，火星已经赫然出现在我们面前。我们已经坚持了这么久，而且我们此前在含有错误数据的模拟测试中也成功着陆了，那么，这是否意味着我们应该对错误参数视而不见呢？我们应该更改这些参数，还是应该放任不管？

米盖尔是在 8 月 2 日的深夜发现这个错误的，那天是星期四。我们马上成立了一支由 25 名专家组成的"老虎队"①。他们放下手头的所有工作，对这种异常响应现象进行了全面调查。"异常响应现象"是航天术语，它的潜在含义是"调查一下这个问题，并且尽可能地不要把事情搞砸"。来自卫星制导、导航、电子和模拟飞行轨道团队的同事把这个问题分解成好几个部分，这样，每个小分队可以从不同的角度切入问题；分工完毕后，各小分队就开始通宵达旦地加班攻克难题。在模拟飞行轨道的时候，我们既使用更新过的正确参数，也使用错误的参数。对这两种结果进行对比之后，我们没有发现任何差异，但这并不意味着飞行轨道不存在问题，而仅仅意味着问题还没有出现在模拟过程中。团队的每个人都发了疯似的埋头苦干，一直到 8 月 4 日凌晨 5 点，即周六的早上。我们聚在一起，暂时放下手中工作，开了一场"令人头疼的辩论会"。两小时后，也就是早上 7 点，我们还要跟项目经理碰面，做出一个现实的决策，即：我们该不该纠正错误的参数？

火箭的制导与控制可不是件小事，而作为所有运算的起始点，我们的导航中心数据大约偏离了 3 英寸。这个误差是否足以让我们以错误的角度进入火星大气层，从而导致飞船焚毁呢？它是否足以让火星车错过着陆点，并坠毁在山区里或者造成翻车呢？如果真是这样的话，我们多年来的辛勤工作和数十亿美元的投入就会付诸东流。

周六早上，我们各抒己见，讨论一直持续着。尽管每一个人都觉得

① 在计算机行业中，"老虎队"是指自愿组成或受雇于他人的程序员团队，其职责是发现新软件中存在的错误或安全漏洞，或弄清楚计算机网络安全被破解的原因。——译者注

这个错误数据令人感到不安,但没有人提出冒险更改数据。它可能最终不会造成什么影响,或者以一种我们无法想象的方式戕害我们,但没有人敢站出来说:"我们必须要解决这个问题,否则后果不堪设想。"

到了早上7点钟,我们还是在工程分析结果上来回地打太极。这时候,"好奇号"项目的7位高管精神抖擞地出现了。

这个项目的总负责人是彼得·特辛格(Peter Theisinger)。他虽然已经满头白发,而且体格瘦削,但是个坚强的斗士。我对他说,我的团队还没有投票决定下一步动作。

"我很乐意现在就投票,现场投票。"我补充说道。

彼得赞成我的想法。于是,在几名高级决策者的旁观下,我们从我的右手开始,以逆时针顺序让坐在桌子旁的每一个人发表最终意见。也就是说,这次"民意测验"将以我的表态告终。

每个人都说:"我们不应该轻举妄动。"说来也奇怪,米盖尔居然也这么说。要知道,他可是第一个发现这个问题的人,而且在找到问题根源之前,他一直对此忧心忡忡。

我们似乎在表面上对现状达成了一致意见,彼得看上去非常开心。我们团队几乎所有人都发表了意见,而彼得也准备结束会议。但就在这时候,我制止了他。

"我说过,我们要让所有团队成员投票决定,"我对他说,"遗憾的是,现在团队的意见不统一……因为我觉得我们应该更改数据。"

我能看到他脸上露出一丝焦虑,然后,他坐回椅子上,开始考虑他的选择。除了我之外,整个EDL团队都说没有问题;而我是这个团队的负责人,上级给我的任务就是让飞行器安全着陆。我可不是什么无懈可击的权威人物,但如果出了什么事情,要背黑锅的人是我。

然后,彼得对他的同事也进行了一次投票调查,他们都是高管团队的领导,包括工程技术领导层人员。他们都赞同"老虎队"成员的观点。

尽管有点不好意思,但他们都承认,他们不倾向于修改数据。这种极不情愿却又不约而同地想"保持现状"的态度一直贯穿于整个会议进程,直至最后两个人发表看法。这两个人分别是项目副经理理查德·库克(Richard Cook)和项目总工程师罗布·曼宁(Rob Manning)。

理查德说:"我赞成亚当的观点,我觉得我们必须更改数据。"

然后,彼得把目光投向罗布:"你怎么看,总工程师?"

"我同意亚当和理查德的看法。我们以前也改过类似的数据,让我们像之前那样把错误纠正过来吧。"

彼得深吸了一口气,仿佛要借助他 50 年来的人生经验把过去 36 个小时里已经背得滚瓜烂熟的所有数据和所有人的观点都一股脑儿吸收进身体,然后说:"我们要更改数据。把传输指令准备好后发送出去。"

就这样,在周六早上 9 点前,也就是风险评估开始 39 个小时之后,我们更改了指向导航中心的那三个数字。14 分钟后(地球与近火星点进行数据往返传输的时间),飞船返回的信息显示,计算机已经收到了更新的数据,而且更改已经完成——起码在它看来,更改已经完成了。

我们是否犯下了不可弥补的错误,还是及时避免了类似于"挑战者号"密封橡胶圈失效(造成"挑战者号"飞船爆炸的罪魁祸首)的问题,从而拯救了整个项目?我们只有再等 36 个小时才能知道答案。在这 36 个小时内,宇宙飞船还要继续飞行 40 万英里,并经历最折磨人的"惊魂 7 分钟"。在这 7 分钟内,火星车将进入火星大气层,下降到火星表面,并最终安全无恙地着陆。

我要在这里提前剧透一下:我们成功了。在"惊魂 7 分钟"过去后,我们听到了"好奇号"传回来的第一声信号。所有人都把我们视为天才,并且无比崇拜我们(假如你想了解当时更多细节,想知道谁在哭、谁在欢呼以及我们是如何成为新闻发布会焦点的,你可以跳过下面这几章内容,直接看最后一章)。而至于最后关头更改的数据是否将人类航天史上代价最高的灾难转化为了我们的巨大成就,也许我们永远也无从知晓。

我们所知道的是,我们这里有一屋子全世界最顶尖的航空航天工程师,但他们无法确定更改数据是否能让飞船转危为安。在人们的观念中,工程师应该是理性的保守主义者。我们每个人是否都做过纯理性的计算并得到不同的计算结果?我们是否错误地使用了计算尺?我们的计算器是否坏掉了?这真的只是一个数学问题吗?

我觉得不是。

在美国开展太空项目早期,每逢发射火箭和实施登月计划,要上电视节目的工程师们都刻意地穿着短袖白衬衫,脖子上系着带有领带夹的细领带,鼻梁上架着一副傻不拉几的眼镜。这种打扮塑造了一种"我是机器人"的形象。这样做的目的也许是为了威慑苏联,但工程师毕竟不是机器人,我们是活生生的人类。而且,无论我们如何小心翼翼地从冷冰冰的数据中追寻宇宙苍生的真理,我们在解读适用于手头工作的物理定律时,都要用我们每个人的个性进行过滤。无论我们如何孜孜不倦地追求某个真理,最终得到的真理往往只是一个近似值而已;它是宇宙的一种模型,而不是宇宙本身。当问题变得非常棘手,而且结果或正确的前进道路变得不确定时,人类的判断力和对于个人理解力极限的认知就变得至关重要了。比如说,在飞船登陆火星的最后关头,我们的项目团队集中在一起思考是否应该更改软件参数,这件事就充分说明了这个道理。无论你是正在建造飞船的工程师,还是正在开发苹果手机下一款热门应用软件的软件开发人员,这个道理都是适用的。

除了人类的判断力极为重要之外,我们还要明白其他人做出某种行为的原因。"工程师"的英文单词是"engineer",它源自古法语"engin",意指"聪明的技巧"。工程活动就是运用人类的聪明机智和对我们周围世界的理解来解决某个问题。在当今时代,一个航天项目动辄牵涉到数十亿美元预算,而且需要成千上万人参与;我们要明白,在这种项目中,项目的参与者就是"我们周围世界"的一部分。如果我们要在这种注重创造性和合作精神的环境中取得成功,尤其是要领导和管理某些具有创新性事物的开发工作,我们就要更多地全身心投入进去,而不仅仅是了解流体力学或懂得进行应力分析。

作为一种讲求实效的工作,工程技术在很大程度上依赖于诚实地面对客观数据。如果我们只是追求个人的"真理",或者满足于局部的真理,或者我们因为真理给你带来尴尬或麻烦而否认它的存在,那我们就会失败。在这种情况下,我们的粒子回旋加速器找不到任何粒子,我们的飞船也根本接近不了火星,更不用说安全着陆在火星表面了。

包括工程师在内的很多人都认为,有些问题的答案冥冥中早已注定,我们要做的就是提出正确的公式,不需要使用任何判断力或与情感相关的事物就能得到解决方案,但这种观念是错误的。有些问题实在是太复杂了,很难用一个准确的公式来描述它们。在现实社会里,大型组织的员工要面对各种财务预算、办公室政治和组织变动,无论做什么事情,他们都要经过毫不留情的争吵。这种争斗的成败就像街头斗殴一样,取决于你具备哪些特质,例如聪明与才智、知识与技术实力、领袖魅力或小家子气、羞怯或说服别人的能力、信心满满或缺乏自信、自我认知或自我否定等。

从表面上看,我们这本书讲述的是一个大胆的工程项目,即设计和建造一辆极其复杂的火星车,并设计一个新颖的、"疯狂的"着陆系统,把这辆火星车降落到火星上。但这仅仅是故事的基本情节。

这也是一个关于我个人的故事。在这个故事里,你将会看到我如何加入喷气推进实验室建造飞船,如何从实验室的工作经历中汲取知识,并带领一个无比优秀的团队去解决艰巨的难题;在这个故事里,你将会看到我们如何利用人类好奇心去创造一些真正奇妙的事物,并且如何诚实面对人类的自欺本能,从而避免产生无可挽回的灾难;在这个故事里,我们还探究了人类的思维过程、领导技能和解决问题的技巧,它们都是成就卓越的基础。

尽管我的视角也许能给你提供一些见解,但也难免会有不足之处。我会尽量如实地呈现这个故事,但我的故事版本总是有局限性的,因为它已经被我的"有色眼镜"处理过了。

人类的大多数杰作都是团队努力的结果,当然了,也有个别例外。如果我们想成就一番大事业,例如缓解全球变暖、消灭疟疾或者是将人类送上火星,那就不能靠个别天才单打独斗。我们要想办法把拥有不同才能、视野和世界观的人聚集在一起,让他们投身于共同的伟大事业当中。我写这本书的最终目标是给你提供一种全新的视角,让你知道领导者如何才能顺利地让聪明的员工投身于创建富有挑战性的、高风险的、具有创新性的项目中去。我希望这些意见和经验可以运用到其他领域的工作中去。

此外,我们为探索宇宙所做的工作已经扩展到我们知识领域的边界,甚至是我们人类的认知边界。我希望你能在我们的故事中找到属于你的人性反思。

第 2 章

好奇心改变人生

我有时候会开玩笑说，好奇心改变了我的人生轨迹。但从某种意义上来讲，这又不是一句玩笑话。我本来会成为另一种人，但我并没有变成那种人，而且我认为自己会越来越优秀。我之所以在这里分享这个故事，并不是因为我觉得这个故事有多么独特，反而是因为我觉得它并不独特。很多年轻人得到了错误或自相矛盾的建议，他们习惯性地认为自己应该做某些事情，并强迫自己去做那些事。这种对自己的高标准、严要求通常会让他们极其害怕失败。我也曾经因此害怕过。如果不是我对世界保持着好奇心，我到今天可能还在一家健康食品店上班，梦想着我的乐队能在某天出名。

没错，我参与过好几次将机器送上火星的项目，但我并不是那种提着公文包、在读高中的时候就能拿物理学奖的数学天才。我认识一些这种天才，我很喜欢他们，但我不是他们中的一员。也许直到今天还有人认为，我当年能拿到毕业文凭简直就是个奇迹。在读书的时候，我唯一拿得出手的科目就是戏剧；我平时不喜欢学习，而是喜欢骑山地自行车和参加短剧表演等。除了幻想着成为埃尔维斯·科斯特洛（Elvis

Costello)①或乔·杰克逊(Joe Jackson)②这样的人,我并没有什么真正的雄心壮志。

我成长于20世纪六七十年代,青少年时期基本上在旧金山市(San Francisco)北部的索萨利托小镇(Sausalito)度过。我的父母深受当时风气影响。我的母亲是一个具有自由精神的人。在"二战"期间,为了加入妇女辅助军团(WAAC),她谎报了自己的年龄;而在战后,她有点像"垮掉的一代"(Beatnik),在旧金山管理着好几家夜总会,并与当时具有影响力的女艺术家交往。尽管她很聪明、很独立,但她还是想有个依靠。当她遇到我父亲时,他刚刚从部队退役,路过我母亲在谢拉山麓(Sierra Foothills)管理的一家酒店,就顺便在酒店的酒吧里喝上一杯。两人立即燃起了爱的火花。父亲在那个地方逗留了四天时间,临走的时候给母亲留了皮德蒙特地区(Piedmont)一位会计师的地址,让她把他在那几天花销的账单寄过去。

我的父亲很爱读书。他博学多才,从层流翼型的空气动力特性到绵羊的人工授精技术,他都有所涉猎,可他从来没有表现出挣钱养家的兴趣。对他来说,工作就意味着抗争,抗争就意味着有失败的可能性,而失败是不可接受的。

依靠着施特尔茨纳家族留下的遗产,我的父母和我们兄弟俩日子过得还算滋润。但随着家庭财富逐渐减少,生活的重担犹如乌云般笼罩在我们头上。我的父亲借酗酒来逃避责任,而我则用自暴自弃来面对这一切。

我曾经年少轻狂,经常做出一些鲁莽轻率的举动,例如在交通堵塞的道路上玩滑板、骑着自行车以极快的速度冲下陡峭的山坡,见着围栏

---

① 英国歌手兼歌曲创作者,摇滚乐天才。——编者注
② 美国音乐世家杰克逊家族孩子们的父亲。——编者注

就往上爬、看到窗台就想跳。现在回想起来,我觉得我这样做是为了逃避那种笼罩在我父亲身上的恐惧感,或者想通过肆意妄为来阻止这种恐惧感的蔓延,可能也是想借机探寻一些真谛。但在大多数情况下,这些行为的后果就是伤筋断骨。在成年之前,我身上一共曾摔断过 32 根骨头。

当时,我喜欢做一些与空间推理相关的白日梦,而这是最接近于我未来太空探索事业的东西。我喜欢幻想自己活在另一个奇异的世界,那里的地球引力会关闭,然后又在另一个方向打开。我很想弄清楚物体(尤其是我自己)是如何利用这种新的力场和轨道穿越空间的。有时候,引力出现在我的侧面,然后使劲把我推到房间的角落里。我想象着自己紧紧抓住窗沿,以免撞到柱子上。

与此同时,在现实生活中,我在社区里从不按规矩走路。无论我的前进方向上有多少障碍,我都要走直线;我从不会屈从自己的意志,按成年人设计好的路线和意愿做事。这是否意味着我要攀爬 8 英尺高的围栏,穿越两个厂区,就为了吃上一块糖果?那再好不过了。如果要攀爬 25 英尺高的屋脊呢?也没问题。可恶的是,有些邻居会把车轴润滑油涂抹在围栏和房屋之间的狭窄通道上,想用这种方法来让我远离他们的屋子。但这反而激发了我的斗志,我倒要看看自己是否能从屋顶跳到门头,并沿着门头走到围栏上,身上不沾到一丁点儿润滑油。结果,邻居们经常会大喊:"给我从屋顶上下来,亚当!"而医院急诊室的医生却经常这样跟我打招呼:"你好,亚当,咱们又见面了。"

到了读高中的时候,我明显地表现出不是"读大学那块料"。父母带我去看医生,想看看我爱冒险和不爱读书的原因是什么。但是,我觉得自己的行为并没有太多令人不解之处,我只是在父亲面前表现出一种叛逆的情绪而已。通过做出一些鲁莽的行为,我可以知道恐惧感对他的影响有多大,而我却丝毫没有恐惧感;而至于读书,既然他不去上班和努力工作,那凭什么要求我这样做?我的父亲一直认为认真做事是毫无意义甚至是危险的,因为人们要求凡事至善至美,但至善至美是可望而不可即的。我把他的这种观念融入了我的思想和行为当中。

从高中勉强毕业之后,我搬到了米尔谷(Mill Valley)社区,在一家健康食品商店找了一份工作,并开始利用业余时间在一支名为"出路"(Exit)的乐队中担任贝斯手。这支乐队融合了摇滚、爵士乐、朋克等音乐风格。

有一天晚上,我要到科特·马德拉镇(Corte Madera)的一间酒吧演出。该镇位于前往拉克斯珀市(Larkspur)①的路上。黄昏时分,我驾车奔驰在加州 101 号高速公路上,准备去酒吧试音。在路上,我注意到猎户座就在我的右肩上方,这意味着该星座在东边的天空中,面向波恩特·里奇蒙市(Point Richmond)。午夜时分,当我开车回家的时候,猎户座再次位于我的右肩上方,这意味着它现在在西边的天空中,朝向斯汀森海滩(Stinson Beach)。我从来没有上过天文学课程,但不知为何,宇宙星辰激发了我的好奇心。我们看到星星在"移动",但我知道,其实是我们自己在移动。我们站在地球表面,随着它的自转和绕日公转而移动。我的理解没错吧?这就是天体的运动规律吗?日月星辰到底是如何运转的?

那天晚上,在开车回家的路上,我不断思考着天体运动的问题(现在我知道,这种问题被称为"天体动力学")。这是我有生以来第一次为某个事物产生深深的好奇心,而这种好奇心改变了我的人生。

两天后,我决定顺道去趟社区大学马林学院(College of Marin),看看能不能报名参加天文学课程。后来我才知道,我去拜访学校那天正好是下个学期课程报名的日期,学校体育馆周围的墙上贴满了报名表。

---

① 美国加利福尼亚州马林县下属的一个城市。——编者注

我东看看，西瞅瞅，终于看到了我要找的东西——天文学招生简章。但接下来，我注意到简章上的一个细节：想读天文学课程，物理课必须要学到 10 年级。我两门课都报名了，希望能找到某种两全之策。事实证明，命运跟我开了个玩笑；由于报名学习天文学课程的人数不足，我参加了自己根本不想上的物理课程。我下定决心，一定要把课程学完，因为我在内心深处渴望获得一种新的人生经历。此刻，我又把读高中骑山地自行车的那股韧劲拿出来了。

我并没有一个通盘的计划，只是在好奇心的驱使下走一步算一步。我并没有为自己的努力设定任何预期目标。我当然没想过要取得巨大成功。我只是不想再做成为埃尔维斯·科斯特洛的白日梦，而是尽全力了解我身边的世界和宇宙万物。从某种意义上来讲，我的起点很低，要从物质世界最基础的知识开始学起；我希望能够一步一个脚印，慢慢积累这方面的知识。

我的朋友米盖尔说，我当时所做的一切是在"对人格障碍进行建设性干预"，而他认为这是大多数成功人士的成功秘诀。就这样，在马林学院，数学和物理课程向我敞开了一扇大门，这扇大门通向一个美丽的新世界，那里的事物精准、明确和绝对坦诚。当我意识到这个混沌宇宙受一些定律控制时，我顿时产生了一种醍醐灌顶的感觉。

我在高中学过基础代数和几何学（学了两次），并以 F＋的成绩通过了考试。我的每一门课程成绩都只是勉强能达到毕业的要求，而且无论我学什么，都是左耳进、右耳出，不留任何痕迹。幸运的是，10 年级物理是"为诗人开设的物理课"，这意味着我基本不用学数学，所以我觉得自己能把这门课程学好。

更幸运的是，教这门课程的史蒂芬·普拉达（Steven Prada）博士无比热爱他的事业，而且很善于将他对宇宙的理解与学生分享。当他拿一支粉笔在黑板上潦草地写下 $F＝MA$ 这个公式的时候，在我看来，他从这个公式导出观点的方式就像是一种咒语。他把质量（M）和加速度（A）变成了另一种东西，并揭示它们的本质。以前，我在玩滑板的过程中体验过他提到的合外力（F），因此，我发自内心地知道这个公式的含义。现在，我终于明白如何用抽象的概念分析自然现象了。我们可以创造一个模型，然后利用这个模型进行预测，并用这些预测来制造东西或完成一些事情；我们甚至可以用这个模型探索外太空。

对我来说，这不仅仅是一种魔术，还是一种有着无穷魅力的事物。似乎它道出了我与世界作对和摔断骨头的真正原因。但是，我之前所受的教育实在太少了，在我熟练运用这个公式之前，还有很长的路要走。

为了赶上课程进度，我发愤学习，几乎进入了清修的境界。我不再玩音乐，并且把头发也剪短了。我没有辞去在米尔谷健康食品店的工作，而是骑着山地自行车在塔米匹亚斯（Tamilpias）山路上来回奔波，到学校去上课。那是分析心理学（Jungian）①所谓的"涅槃时期"（the time of ashes），即放低姿态，做真实的自己，然后再度崛起。但我从不这样认为。我觉得我只是在拯救自己的人生，并且不顾一切地拯救这个家族从我之后每个人的人生。我决心不再重蹈我父亲的覆辙。

我在马林学院表现不错。我觉得，如果我不执着于某些事物的话，我就能摆脱整个家族所受到的诅咒。这种感觉是一种非常有效的激励手段，它唤醒我内心深处沉睡已久的竞争意识。我开始更努力地学习，我要看看自己有多大潜能。

几年后，我转到了加州大学（University of California）戴维斯分校学习机械工程和设计专业。在我看来，当工程师和当物理学家没什么

---

① 分析心理学是荣格领头发展出的一支心理学，又称荣格心理学或原型心理学，其核心理论是集体潜意识。集体潜意识的内容，主要以原型的形式存在。——编者注

区别，只不过工程师有丰厚的收入。但工程师最吸引我的地方就是这个职业能凭借个人的经验，专注、无畏、客观地追寻某种事物的真谛。不过，我花了很长一段时间才意识到，完成工程项目所付出的代价比掌握客观真相所付出的代价要大得多。

三年后，在毕业典礼上，我作为加州大学工程学院的毕业生代表向全校师生发表了演讲。之后，我收到了包括斯坦福大学（Standford）、加州理工学院（Caltech）和麻省理工学院（MIT）等各大名校在内的研究生院发来的邀请；但我在参观加州理工学院时发现，他们似乎更专注于工作，而不是自己的声望，这让我大为惊讶：这些家伙的工作态度很认真！我最终选择了加州理工学院。对于像我这种数学还算不错、其他方面尚待提高的人来说，加入加州理工学院就如同军人加入美国海军陆战队一般。

其实，我并不是很想做研究，我甚至没有找到一个特定的研究领域。我读研究生完全是出于好奇心和为了克服内心的不安全感。

我从来没遇到过合得来的教授，也没发现能激发我兴趣的研究课题，反而隐隐约约地产生了一种不满情绪。有一次，我去看望以前的一名学生，对他在马里兰州轨道科技公司（Orbital Sciences Corp）的工作进行了讨论。他们设计了飞马座运载火箭（Pegasus Launch Vehicle），它不仅可以把小型卫星送入太空，还可以从大约 3 万英尺高空的 L-1011 飞机上进行发射，以绕开地球密度较大的那部分大气层。

在那之前，我在加州理工学院的工作仅停留在抽象的理论阶段。直至听到轨道科技公司那名员工的言谈，我才意识到，我是多么迫切地想把自己在工程学上受到的专业训练付诸实践。我要亲自动手去创建某些事物。在夏季即将结束的时候，我已经下定了决心。我要翻开职业生涯的新篇章。

我带着应用力学硕士学位证书离开了加州理工学院，这也算是对我这过去一年来攻读博士学位的一种慰藉。接下来，我所面临的问题就是，下一步该做什么？

在过去的几个月里，我一直与一位名叫露丝安（Ruthann）的研究生约会。她住在学校里，而我想离她近一些，所以我要在洛杉矶找一个工程师职位。在20世纪90年代初，我这种专业的人如果想在洛杉矶市安家，大部分会选择国防承包领域的工作。但是，我并不想去建造武器系统。

另一个合理的选择就是喷气推进实验室。该实验室占地177英亩，从圣加布里埃尔山脉（San Gabriel Mountains）中拔地而起，距离山麓高速公路（Foothills Freeway）的另一侧只有几英里路程，而这条高速公路正好通向我任教过的加州理工学院研究生院。喷气推进实验室由政府资助，但实际上由加州理工学院负责管理。它拥有5000名员工，而且无论在何时，它可能都有1000家备选的承包商。

在攻读本科学位的时候，我看过一些科幻小说，包括卡尔·萨根（Carl Sagan）的《接触》（Contact）。在这本小说中，年轻的女主角在一家由政府运营的实验室工作，她收到了一条看似来自外星人尝试接触人类的信息，于是四处寻找解读这条信息的线索。我觉得，在喷气推进实验室的工作也许有点类似这种性质。

然而事实证明，这份工作不完全是"寻找外星人的踪迹"；不过，这个实验室确实有一种不可思议的、有趣的宇宙学氛围，而这种氛围的起源可以追溯到它的创始人。

在1926年，加州理工学院是美国第一批设立航空实验室的大学之一。在那里，一位名叫弗兰克·马林纳（Frank Malina）的研究生率先发明了一款以乙醇作为燃料的火箭发动机；在那个时候，这款发动机看起来就像是来自电影《巴克·罗杰斯》（*Buck Rodgers*）①的产物。

人们认为马林纳的试验太危险，不能在主校园区进行；所以，他和一些火箭爱好者组成了所谓的"敢死队"，把试验场所搬到离校园几英里之外的一处干涸的河床。在这里进行一两次爆炸试验不会造成太大影响。最终，那个名为"干涸河谷"（Arroyo Secco）的偏僻之地变成了后来的喷气推进实验室，而马林纳则成为该实验室的首位负责人。

工程学基本上是一个讲究创造力的学科，参与工程活动的人必须要具有独创性。我一直认为，工程师与艺术家有很多相通之处，不过我这个看法经常得不到别人的赞同。马林纳就是一个极好的例子，他后来成了一名雕刻家。有着类似经历的还有自学成才的化学家杰克·帕森（Jack Parson）。他曾经是一名马克思主义者，后来转变信仰，加入了一个名为"泰勒玛"（Thelema）的宗教运动组织，该组织体现了那个时期崇尚自由思维、不断突破的狂热精神。

在每一枚火箭发射升空之前，帕森都会援引泰勒玛教创始人、神秘派诗人阿莱斯特·克劳利（Aleister Crowley）所写的《潘神颂》（*Hymn to Pan*）。久而久之，帕森就成了东方圣殿骑士团（Ordo Templi Orients）加州分支的领袖人物，这让他有机会接触到 L. 罗恩·哈伯德（L. Ron Hubbard）。他们在一名"重要伙伴"的大力帮助下，尝试着一起通过打破四维时空限制，创造一种新时代的自由性爱；而这名"重要伙伴"就是留着红头发的女艺术家玛乔丽·卡麦隆（Marjorie Cameron），她后来出演了肯尼思·安格尔（Kenneth Anger）的多部神秘电影。

在成立初期，喷气推进实验室除了宣扬政治激进主义和标新立异

---

① 《巴克·罗杰斯》是第一部太空探险题材的通俗电影，诞生于 20 世纪 20 年代末 30 年代初。故事主人公巴克·罗杰斯是一个无意中闯进未来世界的飞行员，他担负起了抵抗外星侵略者、保卫地球的重任。——译者注

的宗教信仰之外，还经常在"干涸河谷"举行篝火晚会，大家在喝醉之后会针对相关工程问题争吵不休。随着实验室越来越成熟，它的自由主义精神和开放的文化氛围开始体现在实验室所从事的项目上面。20 世纪 30 年代末，第二次世界大战即将爆发，美国政府希望开发一种供固定翼飞船使用的"火箭助推器"，于是他们开始资助由马林纳、帕森和其他人启动的研究项目。这促使实验室与美军陆军兵器公司（Army Ordnance Corps）签订了数份合同，为其开发数款以"列兵"（Private）、"下士"（Corporal）和"中士"（Sergeant）为代号的导弹。

后来，马林纳对武器研发逐渐感到失望，于是他进一步涉猎左翼政治。这导致他受到美国联邦调查局（FBI）的调查，他也因此放弃了火箭研究工作并移居到法国，成为一名动力学雕塑家。帕森不但损失了所有资金，也失去了安全许可资格，并且在麦卡锡（McCarthy）时期落魄到从事粗重工作的地步。后来，他所工作的车间发生爆炸，他因此而死于非命。至于这次爆炸是否属于一次事故，至今仍然没有定论。

在整个 20 世纪 50 年代中期，该实验室都在继续为军用导弹做一些前沿引导和推动工作。它仍然保持着无拘无束的精神，例如，在前往新墨西哥州白沙导弹试验场（White Sands）的火车上，研究人员们往往会通宵玩扑克牌，而且还要绕道去趟墨西哥的华雷斯市（Juarez）寻欢作乐一番。

尽管与美国军方合作多年，但喷气推进实验室的独立性极强。它有着鲜明的集体荣誉感和勇往直前的气魄，敢于做一些其他人认为非常疯狂的事情。20 世纪 50 年代，随着冷战升级，美苏在月球探索上的竞争也开始了。时任喷气推进实验室主任的威廉·皮克林（William Pickering）认为实验室应该致力于星际飞行计划，也就是人们不太感兴趣的"其他"目标。在很多方面，喷气推进实验室有点像 15 世纪的探险家，他们沿着地平线航行，不知道前方会发生什么事情。

喷气推进实验室设计并建造了"探索者 1 号"，这是美国第一颗轨道卫星。此次发射的成功，使实验室获得了新成立的美国宇航局的支持，并催生了"漫游者计划"和"探测者计划"，为人类首次载人登月工程"阿波罗计划"（Apollo）奠定了基础。随后，实验室又相继实施了针对金星、火星和水星的"水手号"（Mariner）卫星项目，并最终在 1976 年将"海盗号"探测器送上火星。实验室还把"旅行者号"（Voyager）卫星送出了太阳系，该卫星如今仍在星际空间遨游。

对我来说，喷气推进实验室一直是我了解其他星球动人心弦画面的窗口。当木星和土星的首批图像传回地球时，那巨大的画面让我感觉自己就站在这颗星球旁边，让年轻的我内心充满了敬畏之情。而喷气推进实验室无拘无束和敢于挑战传统观念的精神让我觉得这是最适合我的地方。

露丝安的父亲就在喷气推进实验室工作，但我不想找他帮忙。我想靠自己，虽然我知道他会设法为我打点好一切，但这会让好心办成坏事。相反，我请我的教授们帮忙疏通关系。其中一名教授帮我联系上了脾气极其古怪的工程师唐纳德·比克勒（Donald Bickler），他所研发的六轮火星车结构后来被我们成功地运用于火星登陆计划。我们先通过电话进行了交谈，然后我给他发了一封简历，他叫我有空去拜访他一下。

面试那天，我开车经过美国森林管理处，然后又路过火石岭骑术俱乐部（Flint Ridge Riding Club）的马厩和畜栏。当时，喷气推进实验室所在区域还是一个气候干燥、尘土飞扬的乡下地方；山顶上有些低矮的建筑，它们的历史可以追溯到 19 世纪 50 年代。那些半圆拱形活动房屋看起来就像是 J. 罗伯特·奥本海默（J. Robert Oppenheimer）①领导

---

① 美国物理学家，曼哈顿计划领导者，被誉为"原子弹之父"，他创建了洛斯阿拉莫斯国家实验室。——译者注

下的洛斯阿拉莫斯实验室（Los Alamos）；新建在较低海拔的房子则比较高，它们由传统的玻璃和高科技钢结构组成。比克勒的办公室就在一幢奇特的两层实用楼房里面，这幢楼房几乎没有窗户。

比克勒是一个反传统的人。只要有机会，他就会拆知识分子阶层的台。由于我来自加州理工学院，所以在他心里，也许我代表的就是那个阶层。不管出于什么原因，我俩很快就产生了分歧。现在回想起来，我觉得这次分歧与一个自行车架的抗扭刚度有关。当时我有这方面的第一手资料，因为我在读本科的时候就开始组装自行车并且玩赛车了，但这并没有给比克勒留下深刻印象。然后，他问我如何制造一个不会失去牵引力的轮式机器人。根据以前骑着自行车从塔玛佩斯山（Mt. Tamalpais）速降的经历，我知道人类很善于计算地面对各种牵引力提供支撑的能力；当然了，在超高速状态下，你会完全失去控制力。于是，我建议把人放在这台轮式机器里。比克勒不喜欢我的这个答案。此时，我意识到这次面谈已经结束了，比克勒毫不客气地下了逐客令，他说："你可以走了。"我只能闷闷不乐地走出实验室大楼。

我有点泄气。这是不是意味着我不够优秀，配不上在喷气推进实验室工作呢？

多年以后，也就是我与比克勒展开亲密无间的合作之后，我意识到那次面谈是一大败笔。我以先入为主的观念认定自己是正确的，而这种自以为是的态度让我无法仔细倾听比克勒真正想问的问题。喷气推进实验室倡导提问文化，可是我这种在疑问面前确凿无疑的态度可能让他觉得我不愿意为了追求真理而放弃自己喜欢的答案。

我只被介绍给比克勒一个人。因此，我拿出加州理工学院和喷气推进实验室的通讯录，在实验室里找到了几个似乎能接受我想法的人。我写了份简历，通过校园和实验室邮件系统发送给这些人，然后打电话给他们，看他们有什么反应。

我首先给应用力学技术部（Applied Mechanics Technologies）的麦克·卢（Mike Lou）打电话。我告诉他，我在一周前给他发了份简历，想知道他是否想和我面谈一下，给我提供一个空缺职位。我听到电话那头停顿了一下，然后听到他在翻文件的声音。接着，他又拿起电话说："对不起，我桌子上有一堆我感兴趣的简历，可我找不到你的。也就是说，我们肯定已经把你筛选掉了。很遗憾，祝你在研发的道路上好运。"

我简直要崩溃了。这些家伙是何方神圣？作为加州大学戴维斯分校工学院的高材生以及加州理工学院班上 20％最优秀的学生，我居然无法在喷气推进实验室获得一份工作。他们的工作到底有多神圣？难道我这样的资历还达不到他们的要求吗？到底要怎样才能进入这个实验室？！

五分钟后，电话铃响了，是麦克·卢打回来的。他在未打开的邮件中找到了我的简历，很显然，他觉得我的资历很不错，想和我聊一聊。幸好这次面试没有抗扭刚度之类的小测试，而且我是带着极为谦逊的态度去面试的。我在喷气推进实验室的职业生涯就这样开始了。

就这样，在好奇心的驱使下，我来到了小时候从未想过会来到的地方。我不是埃尔维斯·科斯特洛，也永远不会成为科斯特洛，我在负责美国大部分无人驾驶太空探索项目的喷气推进实验室谋得了一份工作。他们所建造的飞船曾带回来令人难以置信的画面，无论是木星的红点，还是木卫一（Io）上的火山，都曾让年少的我肃然起敬！它们简直是太漂亮了！

光有好奇心是不够的，想在实验室立足，当然还要付出大量的辛勤工作和恒心；而且我内心也经历了无数的斗争，担心自己是否能胜任这份工作。不过，尽管有这些担忧，我在必要的时候还是会放下手头的工作，去寻找与这个问题相关的一丝好奇心。好奇心有如火花，而探索就是由这点火花燃起来的熊熊大火。我的人生翻开了全新的篇章，我要对未知领域展开全新的探索。

第 3 章

凡事持怀疑态度

当年在马林学院,每逢物理考试,学校都会允许我们带一张纸到考场,而且我们可以在那张纸上写下任何内容。绝大多数学生都会带上一支"速写牌"(Rapidograph)工程针笔,并把书上的每一条公式都抄在纸上。我偶尔会在纸上罗列几条当时正在学习的物理定律,但在大多数时候,我通常会用亮色荧光笔在纸上写下这句话:"凡事持怀疑态度!"

我从我父亲身上明白了这样一个道理:越是害怕失败,失败的可能性就越大。我只要盯着考题下方的空白处,就会产生一种焦虑感,匆匆写下一个考虑欠周的答案;而匆忙得出的结论会让我遗漏问题的一些关键点,或者得出一个在概念上相近的答案。

为了克服答题前的焦虑感,我决心在未知的空白面前保持冷静,不要太快结束探寻的过程,不要在没有考虑核心问题之前仓促形成结论。"凡事持怀疑态度"意味着考虑问题的方方面面,不做任何假设,不急于把行动计划付诸实施,等待真相自动浮出水面。

那时候的我还不懂得这个道理,但后来在喷气推进实验室工作期间,这一人生哲学让我很受用。

1991年10月,当我开始在喷气推进实验室工作的时候,实验室的文化氛围正处于巨大变化之中。这个实验室从成立伊始就追求"至精至简"的风格，它崇尚独立和个人创造性；但是，随着组织规模变大，它变得更加注重流程，并承接了很多大而不当的项目。到了 20 世纪 90 年代初期，篝火旁的争论已经难觅踪影，取而代之的是大量预算会议。技术工作被一个复杂的管理机构包裹着，这个机构通常被称为"矩阵式组织"。对于即将 28 岁的我来说，这个所谓的矩阵并没有太大的激励作用。与我合作的同事在情感上相距甚远，我们中间隔着很多人，彼此间只能以电话沟通，就像是在玩一场"电话游戏"；而这个组织不会给予我们太多自主权，也不鼓励我们发挥主导作用。

我们即将进入一个变革和重生的时期，但在当时，喷气推进实验室的工作人员并未察觉到这一点。推动变革的人是美国宇航局的新任掌门人丹尼尔·S.戈丁（Daniel S. Goldin），他曾是美国航天业巨头天合公司（TRW）的高管。戈丁认为，美国宇航局已经变得反应迟缓、运营成本过高，而且不太可靠；项目所需投入过大，预算过高，官僚主义作风浓厚。在星际探索方面，我们已经与太阳系的每一个星球有过至少一次短暂的邂逅；此外，"太空竞赛"作为实验室开展工作的正当理由早已淹没在历史的尘埃中，因为苏联早已瓦解，冷战也早已结束了。

1992 年，戈丁在喷气推进实验室发表了一次演讲，号召我们采取一种他所谓的"更快、更好、更省"的工作方式，即实验室不要再按照美国宇航局的要求承接大量规模庞大、费用高昂的航天项目，而是追求各种小规模的航天任务；我们还要跟美国宇航局的专有实验室竞争政府资助，这些实验室包括位于帕洛阿尔托市（Palo Alto）的艾姆莫斯研究中心（Ames Research Center）和位于弗吉尼亚州的兰利研究中心（Langley Research Center）。戈丁想用规模更小的团队去完成一切事情；也就是说，我们不能靠 10 个人去检查一个人的工作，而是靠一个人把工作检查 10 遍。他问我们："你们能精简多少流程？"

"更快、更好、更省"原则也意味着更多风险。"一个四平八稳的项目不能称之为成功的项目，"戈丁在喷气推进实验室演讲时说道，"这证明我们太过于求稳了。假如收益可观，那就值得冒险。我们允许失败，只要这种失败发生在一个能够推动科技进步的项目上就行。"

在接下来的 10 年时间里，美国宇航局的财政预算将缩减 18%，而喷气推进实验室的总人数将从 5500 人减少至大约 1000 人。从好的方面看，"更快、更好、更省"意味着回归实验室原有的那种随心所欲、无拘无束的精神，项目的所有权又回到军方手里，喷气推进实验室则恢复到原来的样子，像我这种人就是想在这样的地方度过剩余的职业生涯。

那时候，就职于喷气推进实验室对我而言只是一份工作。机缘巧合，我加入了实验室的保守派阵营，在实验室的飞行器结构与动力小组从事分析工作。结构与动力是南加州航天产业的主要收入来源，而我所在的小组由大约 15 人组成，他们当中有将近一半的人是从诺斯罗普公司（Northrop）[1]、罗克韦尔公司（Rockwell）[2]、天合公司等大企业特聘过来的专家。他们的典型衣着风格是道克斯棉裤（Dockers）配马球衫。也许是过度补偿心理在作祟，来到工作组上班的第一天，我下身穿一条宽松长裤、上身穿一件长袖正装衬衫、脖子上系着一条蓝色领带，看起来和大家格格不入。

实验室的所有人看上去都不符合《接触》这样的科技惊悚小说中男女主角的类型，但他们每个人都有你意想不到的人生经历。我的新上司弗兰克·提尔曼（Frank Tilman）是一名年纪较大的非洲裔美国人。他不善言辞，喜欢保持低调，是位研究应力的专家；他在自家车库里复原了老款捷豹 E 型快背造型跑车。另一名应力分析工程师法拉玛

---

① 美国军火界的巨头之一。——编者注
② 美国国家航空和宇宙航行局以及国防部的主要军火承包商。——编者注

兹·科万法尔（Faramaz Kevanfar）是来自德黑兰的伊朗裔犹太人，他有着蓝色的眼睛、亚麻色的头发；他改变了我对他们所在地区、宗教和种族的看法。达琳·李（Darleen Lee）曾是一名小学教师，她后来厌倦了这份工作，于是回到大学修了机械工程专业学位，然后在西雅图的波音公司（Boeing）上班。这些人都不符合人们传统印象中的工程师形象。

我和另外两名工程师共用一间 12×15 平方米的邋遢办公室，他们一个叫罗布·卡尔维特（Rob Calvet），另一个叫艾米莉亚·法雷尔（Amelia Farrel）。罗布在加州理工学院获得了本科学位，他是一个非常聪明的人，有点符合人们心目中那种纯粹的工科学生形象。艾米莉亚在自己办公桌上摆满了猫咪的照片，看上去就像她要定期参加《星际迷航》大会似的。后来我发现，她是一名武术高手，而且还参加过世界手枪神射手锦标赛。

他们两人年纪都比我大 10 岁左右，而且非常喜欢应力分析工程师这份工作。我很快就了解到，分析工程师基本上就是一个服从的角色，除了需要拥有纯粹的技术特长之外，几乎不会面对太激动人心或苛刻的要求。

分析工程师的工作模式如下：实验室的开发工程师先设计一个部件，然后把这个部件交给我们当中的一个人进行审核。他们做的是创造性工作，而我们则要分析部件的结构，看它的设计是否合理。

这份工作需要无穷的耐心。结构分析需要安静地坐着，用不同的边界条件一遍又一遍地问着同样的问题。我曾经很不习惯这种枯燥无味的工作。我们三个人的桌子拼在一起，桌上堆满了无声无息的图表，罗布、艾米莉亚和我就像是维多利亚时代的账房先生，只不过我们用的是计算机，而不是账簿。

我接到的第一项任务就是分析平流层气球吊船的结构。科学家们把这些气球吊船和一些器械（通常是天文望远镜）捆绑在一起，然后将它们升到地球大气层上方约 12 万英尺的高空,以观察太空中的遥远物体。这种吊船曾经出过一次事故,于是,美国国家科学气球基金会(National Science Balloon Foundation)打算重新制定气球吊船标准,而我的任务就是对吊船的所有硬件进行应力分析,以确保我们所使用的吊船能够承受载荷。我兢兢业业地对支柱、螺丝等结构件进行应力分析,并计算出这些原材料失效的临界点。

尽管我热衷于挖掘和探寻客观真相,但我发现自己不太喜欢一劳永逸地解决问题。比方说,如果 100 个人输入正确数据之后,其输出结果每次都是一样的,那么这种工程问题就不是我喜欢的,因为我大可以编一个计算机程序来解决这种问题。不过话说回来,在 21 世纪,应力分析已经大部分自动化了。

我在气球吊船这个项目上花了大约 6 个月时间,虽然这份工作与成为埃尔维斯·科斯特洛之类的人物不太一样,但与米尔谷健康食品店的工作相比简直好多了。我在做一件实实在在的事情,而不是在卖一些莫名其妙的膳食补充品,因为这项工程任务的目标就是把创意转化为现实;此外,我开始喜欢在喷气推进实验室与我共事的这帮怪才。

在实验室工作的第一年,弗兰克给我指派了一位名叫鲍勃·诺顿(Bob Norton)的导师,他参与开发了有限元分析法,这是一种计算应力的电脑技术。鲍勃年纪在 55 岁左右,留着一头短发,两鬓斑白。他那如机器人般冷峻的外表让人联想起 20 世纪 50 年代公式化的工程师形象。

有一天,我穿了一件印有姜戈·莱恩哈特(Django Reinhardt)①头像的 T 恤衫去上班,鲍勃看见了,问我:"你喜欢爵士乐吗?"

我说我喜欢,于是他就邀请我去他家看他收藏的爵士乐唱片。我们听了几首曲子,然后他带我到车库,向我展示他那辆阳光虎型

———————————

① 法国著名吉他手,爵士乐大师。——译者注

(Sunbeam Tiger)汽车。这是一辆产自英国、动力十足的小型赛车,它最初被命名为"阿尔卑斯阳光跑车"(Sunbeam Alpine),但这辆"肌肉车"的设计者卡罗尔·谢尔比(Carroll Shelby)得到了它,取走它的四缸发动机,用强大的福特 V8 发动机取而代之。

事情一发而不可收拾。那天晚上,这位循规蹈矩的中年人和我这个穿着短裤与马丁靴的 28 岁"小流氓"在一段偏僻的高速公路上对这辆车进行速度测试。我们只用了不到 5 秒的时间就将车速从 0 提升到 100 公里/小时,一阵风似的开上了高速公路。

之后没多久,鲍勃建议说,作为训练的一部分,我应该对吊船进行实地测试。于是,我们准备在靠近巴斯托市(Barstow)的达格特试验场(Dagget Field)的莫哈韦沙漠(Mojave Desert)放飞一个气球。这个气球上携带着我分析过的吊船,它会随着风飘过人迹罕至的亚利桑那州和新墨西哥州地区,然后在西德克萨斯州降落。我们对外宣称这次气球飘流的目的是对吊船进行一次外观检查,但这都是胡扯。鲍勃后来告诉我,他只是想让我走出办公室,见识一下文案工作之外的工程学,这样可能对我有好处。

喷气推进实验室车队给我调派了一辆林肯"大陆"(Lincoln Continental)豪华敞篷车,让我到沙漠进行这次"公费旅游"。这辆车的车顶有一个大口子,以前是用来安装观测或追踪装置的。我把车顶装置拆掉,用最接近亨特·S. 汤普森(Hunter S. Thompson)①的方式,以每小时 80 英里的速度把车开进了沙漠。为了让气球升空,我们在沙漠里等了整整两天。无奈等不来大风,只好作罢。不过,在那漫长而炎热的几天时间里,我躺在宇航局那辆车顶带着一个大洞的加长版豪华轿车的后座上看书,这让我开始感觉自己成了这个太空游戏的一部分。

---

① 美国极富个性的作家和新闻工作者,2005 年开枪自杀。——译者注

电影《太空英雄》(*The Right Stuff*)中蔚蓝的天空和浩瀚的沙漠景观一次次地出现在我脑海中；为了在太空探索的道路上不断前进，我们好几代人付出了艰辛的努力；而此时，我开始觉得自己成了这些航天人当中的一员。

我和鲍勃所做的事情在喷气推进实验室是非常典型的。我们超越了表面的差异，而且很享受彼此相伴的美好时光。在那些日子里，实验室经常举办大型聚会，各个部门的同事相互拜访、一起吃喝玩乐，留下不少精彩的故事；每个部门都会定期组织社交晚会，人们穿梭于办公室大楼之间，在觥筹交错中加深对彼此的了解。但后来，酒驾或回家路上撞树的事情时有发生，于是实验室修改了聚会规定，大家开始到其他地方搞聚会了。

有一次，我的部门在一个被称为"雅典娜神殿"(Atheneum)的地方举办了一次小型的节日庆祝活动。一位名叫格雷格(Greg)的家伙有点喝多了，他把我拉到停车场，打开他汽车的行李箱盖，那里面装着大概500张唱片。"我知道你喜欢听摇滚乐，"他说，"我已经把生命献给了耶稣，这些唱片上的音乐都被撒旦碰过了，你要吗？"当时我心想：难道我看起来像是被撒旦碰过的样子吗？我觉得自己没有接触过撒旦，但我还是拿了几张唱片。格雷格和我关系不错，但那次交谈之后，我就一直好奇他对我的真实看法是怎样的。

当我着手研究飞船动力问题的时候，这份工作就变得越来越有趣了。我们结构和动力小组所做的绝大多数分析工作是关于结构多样性的。在分析结构的时候，我们通常会问："这个部件是否承受得了应力？"答案只有"是"或"否"；可在分析动力学的时候，问题更多是类似于这样的："这个装置的性能如何？"问题的答案不再是简单的"是"或"否"，而是需要更多定量与定性的结果。

我第一次接触到动力学是在上级要求我参与价值33亿美金的"卡

西尼号"(Cassini)太空船发射计划的时候。该计划是喷气推进实验室最后一批带有"宏伟愿景"的大项目之一。"卡西尼号"太空船定于1997年发射升空，它将飞越金星、地球和木星，然后在2004年开始探索土星。飞船携带了一颗火星轨道飞行器和一颗由欧洲航天局（European Space Agency）建造的火星大气探测器，专门用于登陆火星最大的卫星"土卫六"（Titan）。

上级要求我对"卡西尼号"太空船分析的第一个问题就是：我们如何才能把引擎从连接太空船和把它发射到太空的"泰坦四号"（Titan 4）运载火箭中抽离出来？第二个问题则是如何让探测器脱离"卡西尼号"飞船。

探测器要脱离飞船，就必须加快自身的自转速度，并保持机器朝着正确的方向前进，这个原理有点像朝天上抛出一个飞盘，在让它垂直上升的同时保持快速旋转。

大约在同一时期，我开始参与另一个大项目，即"伽利略号"（Galileo）木星探测器。该项目启动于1989年，它的任务是研究木星的大气层。根据计划，探测器要在1995年到达木星，但就在它前往木星的路上，我们开始留意到飞船出现一些"异常现象"。在空间探测器的专用术语中，"异常现象"就是失败的意思，即飞船的运行方式出现了问题，或者我们对它运行模式的想象出现了问题。我们只能寄希望于它自己能解决这些问题。

当一艘宇宙飞船以自旋的状态遨游太空时，它有一种天然的稳定性和优雅姿态，就像是橄榄球比赛中四分卫扔出的一个旋转球一样；它的快速旋转能让它朝正确的方向前进。这是自然规律使然，而非工程干预的结果。也就是说，无论飞船被启动或关闭，也不管它是否处于正常运作状态或某天"心情不好"，自转都能使它指向正确的方向。我们希望飞船一直指向正确方向，而这个方向通常是朝向地球，这样我们就能与它保持通信状态，在它想使用太阳能电池板的时候获得动力，并让太阳不断加热我们希望它加热的部件。动力稳定性、热稳定性和通讯稳定性是太空飞行的不二法则。

但如果你想在旋转的飞船上照张相（我们经常这样做），那麻烦就大了，这跟骑在旋转木马上拍高清照片是一个道理。为了拍摄图片和照片，飞船最好采用"三轴姿态控制"方式。这意味着需要电脑、软件和旋转陀螺仪共同发挥工程作用，使飞船指向正确方向。

"伽利略号"使用的就是这两项技术。飞船的一部分在自转，另一部分则指向某个方向。依靠这种构造，我们可以从一个不旋转的平台上拍下美丽的外星图片并获取科学数据，并且让飞船依旧保持自然平稳的状态。

可问题在于，我们要把各种各样的动力和数据从飞船的旋转部分转移到不旋转的部分。为了在旋转的部件上实现这种连接，我们使用了一种大型的"滑环"装置，即金属转子沿着金属定子转动，让动力和电子信号从飞船的不同部分传递过去。上面所说的"异常现象"，指的就是飞行计算机重启。我们认为这是由滑环的某些部分短路或断路造成的，而我的任务就是将转子在滑环定子上滑动的过程做成模型，帮助大家寻找问题的根源。

最终，我们得出一个结论：短路发生的规律不太稳定，这是由滑环定子摩擦产生的磨损颗粒累积造成的。经过一番计算之后，我们认为，在飞船切入木星轨道的时候，不会再出现这种异常现象，所以我们完全可以接受它。

我很喜欢这种动脑子的工作，但它仍然无法让我全身心投入其中。它缺乏某种东西，或许我们可以将这种东西称为"人文因素"，即判断力不仅仅依靠和源于我们所知道的东西，还来自于我们不知道的事物，以及我们在多大程度上了解自己不知道的事物——也就是说，我们对自己的了解程度有多深。我倾心于物理定律，因为我喜欢它们产生秩序的方式,但即使如此,一名分析工程师的世界实在是过于有序了。从某种意义上来说,我已经厌倦了这种生活。

更令人无奈的是,在喷气推进实验室发展史早期,所有工作流程都依旧非常庞杂和繁琐,而设计审核程序会让我觉得自己就像是一台巨大且复杂机器上的一颗小齿轮。每一项审核都要耗时数周,实验室的不同部门都要对审核内容轮番进行讨论,观点经过层层提炼之后,还要在一个大会议室里进行一次终审大会,而像我这种级别的员工是永远没有资格参与这种终审大会的。他们可能会对子元件(比如飞船的主芯结构)的结构设计进行审核和分析,而整个审核过程会分为 4~5 个极为细致的步骤,在一个会议室里连续审核 3 天时间。与此同时,评审委员会还要对飞船的电子结构单独进行类似的审核,然后把评审结果汇总起来,再进行一次联合评审。接下来,还要对飞船的所有机械工程部件进行一系列审核,这就像在随机拍摄一组电影镜头,而你就是里面的演员,并且完全不知道每个独立场景是如何在整部电影中发挥作用的。

还有一件事情让我觉得困扰:尽管我关于具体问题的答案被采纳了,但我的整体观点未受到重视,因为他们认为我的观点无足轻重。

我们的业务模式是这样的:开发工程师根据自己的喜好设计结构或仪器,他们只考虑产品最基本的功能要求。产品需要打开一次还是两次?它是否需要忍受极热或极冷环境?在这些问题上,开发工程师只能算"三脚猫"功夫,杂而不精;而他的结构设计能力也不见得十分强大。因此,他所设计的产品往好里说是难以分析,往坏里说那简直是外形笨重、结构烂得一塌糊涂。

在"卡西尼号"飞船项目中,我负责分析一个 35 英尺长的磁力计支架的支撑结构,该支架的作用是分离飞船。我发现,该附加物的结构属性极差,我还觉得探测器的分离属性也很差。我知道原因是什么。我在这些部件上发现了问题,负责开发部件的工程师却没有发现这些问题。似乎在产品的早期设计阶段，我们缺乏某种必需的交流和合作。他们的任务是找到一种设计方案，而我的任务是确保这种方案符合相关要求，这两者之间似乎存在着间隙。在我看来，在产品设计阶段，我们就应该对产品进行结构和动力方面的审核。

按照现有流程，开发工程师拥有产品设计权，而这正是他们喜欢的方式；分析工程师不会没事找事地主动分析他的产品，而这也正中其下怀。但是，我们为什么不能让分析工程师早一点介入产品设计，从一开始就考虑设备的结构功能呢？这个设备是否足够坚固？它是否不易弯曲？我们为什么要另外花 3 个月时间提一种问题，再花另外 3 个月时间提另一种问题呢？我们为什么不把这两个过程结合在一起呢？

我建议双方建立一种互动性更强的合作关系。假如我们把开发工程师和分析工程师各自所扮演的角色以一种更紧密的方式结合在一起，那将会怎样？这个新角色将会在产品设计阶段成为分析工程师，我想称之为"审核分析师"。但问题在于，在这个新方案中，开发工程师必须要分享产品设计信息，而这名分析工程师必须要有直言不讳的勇气。

于是我向弗兰克·提尔曼提出：我们应该增加一个新岗位，即在组织架构中增加一个所谓的"审核工程师"的新角色。听完我的建议后，他像听了天方夜谭似的看着我。

弗兰克是 20 世纪 50 年代就已经成熟的南加州航天航空工业的代表性人物，他曾为波音和许多其他企业工作过，并做出了巨大的贡献。但是，我感觉他平生从未尝试过改变自己的做事方式；他只是按别人要求的方式尽力把事情做好，他甚至不知道该找谁去探讨改善工作方式的问题。

如今，再回顾那段挫折经历的时候，我可以看到当初的自己有多么年少幼稚和刚愎自用；但话说回来，我对组织的运作方式也表达了少许真正有用的看法。后来我发现，无论是在喷气推进实验室，还是在其他航天企业或苹果、谷歌等大企业中，这种情况在初入职场的优秀年轻员工中都相当普遍。

一种全新的视角会带来新的见解，而这种见解通常不被组织内部的人所接受。禅宗将这种心态称为"初心"，即"初学者的心态"。这是新进员工给组织带来的最大财富，但它也代表着一种挑战。新员工可能看到了组织运营中的漏洞，但他们不明白其中的根本原因。其实，这些漏洞都是不可避免的，而且在很久以前就被组织接受了，甚至是组织有意维持着这些漏洞。我认为，"初心"同时为组织和新进员工带来了挑战和机遇。

组织必须要学会以一种开放的心态去倾听员工的心声。这些年轻人的观点通常会令人难堪，有时候思维不够缜密，因而很容易被否定掉，就像我提出的让结构分析师加入设计过程的提议一样。组织的管理层应学会忽略他们观点中的缺陷和不完美的地方，而着眼于建议中的关键优点，这对管理层来说是非常具有挑战性的事情。在我的例子中，肯定需要把那些具有洞察力的、与结构相关的前期交流融入到设计过程中。其实，在如今的喷气推进实验室中，我们已经在进行这种交流了；但我们并没有为此而像我向弗兰克所建议的那样设立新职能或职位。

在类似情况下，年轻员工所面临的挑战就是耐心。媒体上大量充斥着高科技巨头一夜发家的报道，这很容易让新员工这样想："我已经来这里两年了，而这个组织还没有留下我的任何印记，我既没有升职，也没有得到加薪。现在，我要么获得组织认可，要么就离开这里。"

如果时光可以倒流，我真想对年轻时那个缺乏耐心的自己说："假如你是某个行业的门外汉，那么，升职和行业影响力一般与你无关。至少在一个类似于喷气推进实验室这样的精英领导体制中，如果你好好工作，精益求精，追求卓越，好事就会随时发生在组织和你身上。这并

不是说'组织'是一种无所不知、付出必有回报的慈善实体,但任何组织
都迫切需要优秀员工。组织高层总有空缺的职位,它对优秀人才的渴
望是无休止的。如果你所做的工作对组织有着重要价值,你迟早都会
得到提拔。"

更重要的是,真正的权威并不来自头衔或职位,而是因为我们所说
的每一句话都经过深思熟虑,或者至少我们尽力这样去做。要想让自
己的观点变得更有分量,我们就必须要经过深思熟虑,并把它明确阐述
出来,然后高效地去实践自己的观点。如果我们希望人们把我们当回
事,我们最好埋头苦干,成为一个对他们有用的人。

弗兰克对年少气盛的我保持了一种宽容的态度,而我也并没有被扣
上"惹是生非"的帽子而遭解雇,这对我来说是件幸运的事。但真正拯救
我的,是我有机会参与一个更具挑战性的项目,即"火星探路者"计划。

在职业生涯的同一时期,当我正在从事类似于"卡西尼"和"伽利
略"这种庞大项目的时候,上级要求我为一个被称为"火星探路者"的小
型项目做一些与降落伞后盖和着陆器相关的动态模拟分析。"火星探
路者"飞船也是计划在 1997 年发射,它要把一辆名为"索杰纳号"
(Sojourner)的小型火星车送到火星表面。

"火星探路者"有一间"臭鼬工厂"①,这给它蒙上了一层神秘的面
纱。尽管我在这个项目中的参与程度不高,但也参加了六七次他们的
会议,而且我觉得他们的做事方式与众不同。在绝大多数工程部门里,
标准的作业流程就是埋头苦干,做好自己的分析工作;除此以外,还要
始终保持坚忍克己的态度。相比之下,"火星探路者"团队更喜欢放任
情感。他们能把开会演变成争吵大赛,但开完会之后,每个人都若无其

---

① 意指有着高度自治的管理模式,不受组织内部官僚主义限制的工作组,该名词源自
美国军火商洛克希德·马丁公司的高级开发项目。——译者注

事地走出会议室,关系依然很好。他们似乎还缩短了决策过程,尤其是项目审核过程。除了极其重要的沟通记录之外,他们一般不做任何书面记录,也不会给美国宇航局的领导提供任何沟通记录。

约翰·卡萨尼(John Casani)曾担任过喷气推进实验室的首席工程师,他有着50多年太空探索经验,是这个领域的杰出人物之一。有一次他告诉我,在20世纪50年代,喷气推进实验室的员工通常会这样说:"这是你画的图纸,但如果没有经过工程师的审核和认可,你就相当于白费力气。""火星探路者"项目的成员似乎恢复了那种注重人际联系、个人投入和贡献的氛围,仿佛他们每个人所主张的设计理念都得到了认可。在"火星探路者"项目组,图纸是否经过管理层的审核已经不是问题;重要的是,我们已经找回了曾经的激情和匠心。可以毫不夸张地说,我们就好比是专心制造部件的机械师,根本不用担心本职工作以外的事情。

有一次,我路过一间会议室,看到EDL团队的机械系统负责人达拉·沙巴依(Dara Sabahi)正在与"火星探路者"团队的其他成员进行争论。具体内容我记不太清了,我只记得达拉说话的措辞和语气。在争论过程中,达拉说:"这简直是胡说八道,我不会让这种事情发生。"对许多读者而言,这样的措辞似乎并不激烈,但对我来说,这话听起来就像宣战一样,因为在我那时所处的环境中,我几乎见不到自己的同事,而且每件事都要被别人过滤一遍。然而,这种"战争"正是我想参与的。

我听到保守派嘟嘟嚷嚷地抱怨说,"火星探路者"团队在用投机取巧的方式做事情;但在我听起来,这正是我曾听说过的老喷气推进实验室的精髓所在。

通过参与"火星探路者"计划,我已经品尝到了这种更无拘无束、更全情投入的工作方式的滋味。于是,我打算放弃这些进展缓慢、乏味的大型项目,投入到一些规模较小但更能再度激发我创造力的项目中去。

当时，露丝安即将修完硕士课程，我们已经有了结婚的计划。她打算中止数学和物理学方面的学习，转而考取金融学博士学位；而在我们举办完婚礼之后，她开始向全国各地的研究所发起申请。我想留在实验室，但此时此刻，我也准备重新攻读博士学位。于是我开始寻找工程学方面的研究生课程，能够让我们夫妻俩在同一个学校就读。

我们找到的折中方案是考入威斯康星大学。他们允许露丝安进入金融系学习，并给她提供了助学金，而他们的工程力学系（Engineering Mechanics Department）录取了我。在威斯康星大学，我获得了一份助教的工作，这意味着我不但要做训导工作，还要教授课程。与此同时，我仍然是喷气推进实验室的员工，在暑假和节假日去上班。

1994年秋，我们搬到了威斯康星州。在接下来的五年时间里，我们在麦迪逊市（Madison）和帕萨迪纳市之间来回奔波。我惊讶地发现，我居然很喜欢这份教学工作。我可以跟三十几个学生在一起思考同一个概念，有些人想通了，有些人则没有想通；我们还一起探寻和交流书本上的宝贵经验。通过教学，我第一次学会了如何和其他人一起保持质疑态度，而不是独自去做这件事情。

说到师生之间的互动，我举一个有代表性的例子吧。有一天，在我批改作业的时候，一位名叫本的学生拿着一份作业走进了我的办公室。本很聪明，头脑很灵活；他的作业非常整洁和井井有条，写得很好，答案是正确的；但不知怎的，他的解题过程错了。那份作业就是经典的"保龄球问题"。

"保龄球问题"是本科物理课上一类常见的练习题，问题与保龄球在球道里撞向球瓶时的动力特性有关。打过保龄球的人都知道，球在出手的时候都是滑行的，但接下来就开始滚动。这种特性似乎非常复杂，对于大学生来说，这是一类非常具有挑战性的难题。

本走进我办公室的时候，他已经找到了答案，至少他的答案是正确的。但他并没有运用正确的解题方法，也就是我推荐给学生们使用的传统解题法。因此，他来到我的办公室，想证明我的方法是错的。

要解决"保龄球问题"，就必须在两个层面上运用牛顿第二定律，即保龄球在滚动状态下的运动学特性以及保龄球在刚离手时的初始运动状态。对一名本科生来说，要解开这道难题，需要做大量的计算，他们通常会漏掉至少一个关键点。

本就是这种情况。他很聪明，而且很固执。他认为自己的解题方法是正确的，毕竟，他的答案与书本背面列出来的答案完全一致。

对此，最简单的回应方式就是指出他的错误，并告诉他问题的正确解答方法，然后把他推出门。这个方式可以让我花最少的时间去面对我的疑虑（"我真的是正确的吗？"）和他的疑惑（"这个叫亚当的家伙真的明白他在教的东西吗？"）。

另一个方式就是逐行逐项地分析本的解题公式，但我不知道自己是否能找到出差错的地方，更不知道是否能向本证明我了解自己的解题方案；也许在内心深处，我也担心自己并不知道自己在讲些什么。

第二种方法才蕴藏着真正的学习过程。在这个过程中，我们学会接受令人困惑的、复杂混乱的想法和代数公式，让好奇心不受约束地探寻真实和正确的答案。这个过程不乏焦虑感，它要求双方带着疑问，肩并肩地坐在一起，放下自我，紧紧抓住疑问不放。

最终我们发现，他的算法中有两处错误，而这两个错误刚好产生了"负负得正"的效果，或者说让算法从表面上看是正确的。这个发现令人欣喜。在我们一起大费周章地解决了这个问题之后，本和我都认识到了牛顿第二定律的重要地位，并认识到了"欲速则不达"的道理。多年以后，我聘请他加入了喷气推进实验室，他在那里的职业生涯非常成功。

"凡事持怀疑态度"（简称 HOTTD）是一种至关重要的做事原则，

这并不是一件容易做到的事情，但我们必须要这样做，而且在许多方面都要做到这一点。HOTTD原则能让你成为一个更优秀的思考者。在缔造一个具有创造性思维团队的过程中，它也是必不可少的。创造某种与众不同的新事物是一个非线性的过程，无论团队成员还是领导，要成为这个过程的一部分，都难免会产生焦虑感，因为我们不知道前路通向何方，也不知道我们是否真的能找到一个有效的或者说可以满足我们需求的解决方案。我们还要时刻面对走捷径的巨大诱惑。只有坚持HOTTD原则，我们才能对亟待解决的问题获得充分的了解，从而制定出更全面的解决方案。

在我当前从事的工作中，我们所面临的问题难度比"保龄球问题"大得多。在这些问题面前，我既没有现成的答案，也不知道哪种解题方法会起作用。但如今，每当我所带领的团队遇到工程学方面的挑战时，我仍然会使用当年在威斯康星大学所制定的问题解决流程。我已经学会了与疑问共处，而且我也帮助团队做到了这一点。因此，一直以来，我们总是能够一起找到问题的解决方案。

第 4 章

自我授权

泰迪·罗斯福（Teddy Roosevelt）①有一句名言，让我深以为然，那就是："人生的最大价值在于为值得从事的事业而努力工作。"我觉得自己很幸运，因为我认为自己正在从事一项值得我为之付出努力的事业。我还庆幸从事的是一项需要团队合作的工作。我非常喜欢团队协作，因此，我把罗斯福先生的这句名言稍微做了一点改动："人生的最大价值在于从事需要团队协作的伟大事业。"

想真正成为团队的一员，我们就要让自己投入到团队建设的过程中；而要真正发挥出自己的全部才能，我们就必须主动提出自己的观点。这需要有"自我授权"的意识，即：我们要相信自己拥有问题的答案，并把答案告诉团队；就算我们只是自认为已经拥有答案，也要把它毫无保留地奉献给团队。这是一种领导力。在一个健康和高效能的团队中，每一个层面、每个组成部分都需要这种领导力。

在喷气推进实验室，我们使用矩阵式组织结构开展管理工作。这意味着有些项目和计划会持续 3～7 年时间，并最终演变成一项太空飞

① 即西奥多·罗斯福（Theodore Roosevelt），又译狄奥多·罗斯福，人称老罗斯福，昵称泰迪（Teddy）。——编者注

行任务,比如进入外太空进行探索的宇宙飞船。此外,我们还有一些采用"分级管理制"的组织,它们是由一组机构实体组成的,这些实体会存在和持续于所有项目中。例如,我们有一个机械工程事业部,该事业部拥有 1000 名员工,由 3 个部门组成,每个部门下面分为很多个小组。在"小组"这个层级,每个小组由 5~20 名员工组成。

近年来,我们分配工作的方式经历了一个演变的过程。在我刚加入实验室的时候,我所在小组的组长给我分配工作。这位组长是通过协调机制从部门经理那里获得工作任务的,而部门经理要听从事业部经理的指示。像"卡西尼号"这种传统项目的机械工作就要由分级管理组织分配。假如项目团队说:"嘿,机械工程事业部,请帮我们做一些机械工程方面的事情。"这个分级管理组织就要弄清楚谁在什么时候、用什么方式去完成这项工作。

如今,我们使用所谓的"柔化项目管理"手段。我们仍然有分级管理组织,但工作更多地是由项目团队直接分配的(但也不是完全由项目团队分配)。在这种模式中,项目负责人来到分级管理组织,说他需要简·史密斯(Jane Smyth)或约翰·史密斯(John Smith)或另一个特定的人来完成这个项目中的某部分机械工程任务。这会在分级管理组织和项目团队之间不断地形成一种紧张局面,因为后者想得到前者的关键员工,而前者则会设法平衡实验室在一系列项目上的需求。

当我在威斯康星大学完成第一年学业并回到实验室过暑假的时候,我们正处于这两种模式的转变过程中。在我看来,弗兰克·提尔曼带领的结构和动力小组相当枯燥无聊,但我还是想在这里开始另一段工作经历,通过传统的工作分配方式从弗兰克那里获取任务。

在那个夏天,我和小组成员们第一次见面。在这过程中,我与一位名叫安·毛里兹(Ann Mauritz)的女士交谈了一番。在行政关系上,她仍然是弗兰克小组的成员,但其实她已经开始尝试一种新模式,即从一名分析工程师转变为一名开发工程师和工程经理。投身工程项目界之后，她在一个名为"商博良"（Champollion）的新项目中担任总工程师，负责项目的早期开发阶段工作。

该项目以法国学者让-弗朗索瓦·商博良（Jean-Fracois Champollion）的名字命名。1822年，商博良率先精确破译了罗塞塔石碑（Rosetta Stone）上的象形文字。"商博良计划"的目标是在一颗彗星上着陆——或者更准确地说，我们先让一艘飞船接近一颗彗星，然后把飞船"钉"在彗星上。对我来说，把飞船"钉"在彗星上这个想法在力学和塑性力学上是一个非常有趣的课题。我对安说，我在威斯康星大学一直从事着一些塑性力学理论的研究工作。她说："你应该去跟他们谈一谈。"

我们看了下弗兰克，他点头表示同意，于是我也加入到这个项目当中。

喷气推进实验室拥有诸多理事会，例如工程与科学（Engineering and Science）理事会和天文学（Astronomy）理事会。每个理事会由多个研究所组成，比如机械工程（Mechanical Engineering）研究所和远程通信（Telecommunications）研究所；而这些研究所又会进一步细分为许多部门，比方说，"354应用力学技术部"就是我供职的部门，而负责登陆彗星的是"352机械工程部"。这两个部门都隶属于第35研究所，即机械工程研究所。但352机械工程部的人是多面手、设计师和开发工程师，而我们354应用力学技术部的人在他们眼里只是书呆子。通常情况下，我们从他们那里接手一个问题时为时已晚，因为设计早已定型。因此，如果来自354技术部的工作人员参加352工程部的设计会议，在他们看来会是一件很奇怪的事情。

在这种情形下，我能想到的最好借口就是："安说我应该顺道拜访一下……"

喷气推进实验室的现代矩阵式结构使工作分配变得非常不稳定，尤其是在项目的早期阶段，让人有一种美国西部大拓荒的感觉。实验室鼓励员工在力所能及的范围内扮演多种角色。即使他们不能胜任这些角色，至少他们也有机会去尝试一下。从培养实践精神和应变能力的角度来讲，这种做法很有达尔文主义的味道；但另一方面，项目开发阶段负责人（有时候也被称为"策划经理"或"项目前期经理"）通常会随着工作要求逐渐明朗化而被别人取代。从这个意义上来讲，这种做法又有着"弱肉强食"的丛林气息。因此，这种"尝试"不同业务的做法可能会让人蒙羞，而只有那些自我意识非常强大的人才能承受当中的起起落落。

有些工作需要提出书面申请并获得批准才能入职，安的总工程师一职就是这样争取来的；而对于职位较低的工作来说，只需要一纸"工作授权书"就可上岗，因为这个岗位只需要某个工蜂式的员工，而且可以按工时计算报酬。这正是我认为自己在"商博良项目"中扮演的角色，安就是用一纸"工作授权书"录用了我。

兰迪·林德曼（Randy Linderman）和克里斯·波特（Chris Porter）也在这个彗星着陆团队中，他们都是非常优秀的开发工程师，年纪和我差不多，大约三十出头；文化水平也和我差不多，但他们都是硕士，而不是博士。兰迪曾在康奈尔大学研究机器人技术，而克里斯在路易斯安那州的乡下长大，他和父亲以打猎为生，擅长打兔子和负鼠。他的成长经历让他非常务实。而相比起来，兰迪就显得书生气重一些。他们负责提供确凿的数据和设计机械装置，他们的眼睛里容不下任何华而不实的东西。

着陆彗星或让飞船"钉"在彗星上是非常困难的。彗星其实就是一大块由冰和尘埃组成的物体，它在太空中急速飞驰，根本没有重力可言。在彗星表面，物体是无法固定不动的；只需轻轻碰一下或推一下，物体就立刻会飘走。以 2014 年的"菲莱着陆器"（Philae Lander）为例，它是人类有史以来第一个尝试在彗星着陆的飞行器。在尝试着陆彗星的时候，它在彗星表面弹跳了两次，最终悬空落在彗星上（着陆效果不佳），而且还是错误的登陆点，这让原本用于抓住冰面的螺丝根本无法发挥作用。但在"菲莱着陆器"诞生前 15 年，也就是在我着手研究这一难题的时候，我们并不清楚彗星表面是什么样子的，完全不知道它的表面到底是平整的还是光滑的。长久以来，科学界一直认为彗星表面物质的强度介于混凝土和柔软的积雪之间。

"商博良"工程团队决定将一颗伸缩钉插入彗星表面。如果彗星表面非常坚硬，那就只有伸缩钉的尖端可以刺穿它；而如果它的表面非常柔软，则整颗钉子都会刺穿表面。这是一种自动调节法。

兰迪和克里斯从实验室最高的建筑物上面往楼下扔一些长得像小型导弹的尖锐物体，他们打算用这个方法掌握彗星表面的穿刺机制。他们在培养自己的直觉，尽管这个方法非常耗时，却是一个必要的过程。他们先设计某样东西，然后进行测试，然后再设计和测试其他东西；这个过程中，他们采用的是一种"先推测后验证"的规则系统。

当我考虑到这个问题的广度时，顿时觉得晕头转向。这是个非常复杂的问题。在兰迪和克里斯努力研究刺穿问题的时候，我们根本不知道如何才能找到这个问题的解决方案。在我看来，我们应该在整个团队内部将这个问题进行分解并逐个击破，但我们并没有这样做。我们要测试哪些项目？我们能从基本物理学和基础分析中了解到什么信息？我们需要设计制造什么部件，又要回答哪些核心问题？我认为，在应对这个难题的过程中，我们在技术层面缺乏统一领导。

接着，我做了一件我从未做过的事情，而这一举动可能足以改变我的职业生涯和整个人生。我从一个更宏观的角度去看待着陆彗星这个问题，然后，我把这个问题化整为零。这方法似乎很合逻辑，也很管用，非常像我在麦迪逊教学生分析问题时所采用的方法。然后,我这个来自354技术部的"白痴"把我的想法告诉了352工程部负责登陆彗星的兰迪和克里斯。

我首先表明了自己的态度,我要让他们知道,我不是在向他们发号施令或想做类似的事情,而是想切实解决我们所遇到的问题。我把这个问题分解成若干小问题,然后对这些小问题进行测试并获得相关数据。我和他们分享我的推理过程,而他们也同意遵循我提出的工作计划。在喷气推进实验室,我们有一个悠久的传统,那就是"遵从证据的力量"。不过,这是我头一回主动提出我的观点给别人做参考。

碰巧的是,达拉·沙巴依恰好是这次彗星着陆研究计划的负责人。当初在参与"火星探路者"计划的时候,我曾见识过他和别人据理力争时的那份激情。那时候他刚好休假归来,看到了我所做的事情,于是让我正式负责这个项目。

达拉是阿塞拜疆裔土耳其人,出生在伊朗德黑兰,在十几岁的时候就移民到美国。在职业生涯初期,他在一家工程承包公司担任应力分析工程师,但事实证明,他拥有直觉型领导的巨大天赋,颇有古时候部落长老的风范。达拉善于发现团队最关切的东西,然后在他的指令中表现出这种关切,最终让团队成员做到言出必行。团队成员当然会按他的要求去做,因为这种"要求"本来就隐藏在他们的愿望中。

我没有故意要求当领导,也没有事先获得授权去带领团队;我只是向兰迪和克里斯提了一些问题,帮助他们整理自己的思路和解决问题,这有点像团队领导所做的事情,而这也正是达拉欣赏我的地方。他对我的提拔证明了这样一个道理:假如你想得到某份工作,你就要达到这份工作所要求的水平。这意味着你要全身心投入这项工作。如果你表现得高高在上,为了满足权力欲而对别人颐指气使,那么别人最常见的反应就是:"你算老几?"因此,领导的诀窍在于你要表现出领导力,在没有领导头衔的情况下带领别人或让别人服从你。这种领导方式真正发挥了服务功能，是给团队最好的馈赠。

我曾经认为领导地位是权力的象征，但在喷气推进实验室，我开始领悟到，领导地位也是服务的象征。请想想后勤维修组组长和球队队长吧，这些角色的作用都是提升一个集体的业绩表现。在每一个团队中，总要有人承担起人员协调和引领大家解决问题的角色。如果我们能够为团队成员指出前进的方向并得到他们的认可，那我们就不是把自己的意志强加给别人，而是把团队如何解决问题的想法"赠予"团队成员。相反，那些坐等上级任命的人永远无法成为一名称职的领导，因为他们根本没有领导的天赋。

在喷气推进实验室的组织架构中，我的这次晋升并不是一次跨越式的提拔。我要协调一个两人小组（如果把我算在内的话，这个小组共有三个人），而这两个人只在业余时间供我调遣。兰迪和克里斯并不反对我带领这个小组，因为我也没怎么管他们。他们还有其他工作，而我的领导作用只占他们的一小部分工作时间。我的"管理"职责非常轻，我甚至可以在回到研究生院之后遥控他们，通过手机和他们保持联系，并且不时地坐飞机回实验室处理事情。

在"商博良计划"上花的时间越多，我就接触到越多具有挑战性的问题，而提出问题的都是很有主见的人才。达拉和项目经理布莱恩·缪尔海德（Brian Muirhead）会随时让我参加技术层面的具体讨论。有一天，在布莱恩的办公室，我们正在仔细检查一个技术难点。这时候，布莱恩突然插话说："那么，有没有考虑过升华作用？！"（升华作用是指物质在真空中从固态直接变成气态的过程。他的意思是说我们的尖钉的温度必须要比彗星高。）他说话的语调几乎有一种挑衅的味道。这当然是不够礼貌且缺乏尊重的，但也表明他对这个问题很感兴趣。我喜欢这种针尖对麦芒的对话方式！

"哦,我们打算使用探针。"我回答道。我所说的探针,是指带有叶片弹簧的不锈钢弯叉。当彗星物质逐渐脱离尖钉之后,钢叉就会伸出来,紧紧钩住彗星表面。

对此,布莱恩说:"呃,你就打算只用弹簧作为热传递通道吗?"

我们就这样你来我往、唇枪舌剑。

这种语言上的交锋直接、坚定、毫无保留。相比之下,其他团队不够主动,也不敢承担风险,仿佛它们害怕知道真相和由真相所带来的变化似的。"商博良计划"的成员参与过"火星探路者计划",他们更像是传说中的喷气推进实验室的奠基者,如赤身裸体的野人般在篝火旁为真理而争吵。这样的工程师才是实验室的栋梁之才。

在"商博良计划"团队中,我还结识了另一位这种毫无保留意见、恪尽职守的人,他就是擅长制导和导航的电气工程师米盖尔·圣·马丁。刚见面的时候,我就能看出他是一个非常富有洞察力和极其聪明的人;但在接下来执行任务的过程中,我才意识到他的信念有多么坚定。

米盖尔个子很高,身上散发着一种贵族气息,只要给他穿上西装,估计他就能在欧洲某个繁华的首都冒充政府高官。他还是一个知识分子,他和别人的谈话经常是这样开头的:"我恰好在《大西洋》(Atlantic)这本书里读到这一段……"他还很风趣,经常模仿罗纳德·里根讲话时的气音"呃……",让会议室里剑拔弩张的气氛顿时烟消云散。

但米盖尔还有一个最大的优点:他能借助实用的敏锐感处理高度复杂的数学问题,并用最少的研究和算式取得成果,从来不瞎忙一气。他擅长层层剖析问题,找到问题最本质、最核心的因素。那时候,我还不知道米盖尔和我将成为好朋友和合作伙伴,一起经历我们职业生涯中一些最伟大的时刻。

我又回到威斯康星大学继续求学。到了第二年夏天,"商博良计划"已经迎来一个转折点,美国宇航局面临着对计划做出取舍的局面。

也就是说,宇航局要么做出具体的承诺,真正开始对这个项目进行投资,要么就砍掉这个项目。由于总部在项目资助优先顺序上有所变化,他们最终选择了第二种方案。喷气推进实验室并没有因此而泄气,它后来又争取到了一个更宏伟的项目;然而,这个新项目可能需要重启研发流程,并回到缓慢烧钱的老路上。

这个替代"商博良计划"的新项目被称为"彗星核取样返回任务"(Comet Nuclear Sampling Return Mission),简称CNSR。该项目的灵感源自"商博良计划"的基本理念,即把飞行器连接到"纽克里奥斯"(Nucleuos)彗星上,对彗星表面做一些科学研究;此外,还要把彗星的一些物质带回地球进行分析。这个激动人心的项目使预算大幅度增加,但它能给我们提供更高的科学回报。上级要我担任与"商博良计划"同样的工作,即负责让飞行器降落并固定在彗星上。

达拉再次成为这个项目的负责人。这年夏天,他在塞拉斯(Sierras)森林的小木屋中避暑,而米盖尔和我一起研究探测器从彗星返回的课题。

该项目要求设计一种能让着陆器接近彗星的太阳能电力推进技术(简称SEP)。这种推进技术需要使用大量的太阳能电池板,才能为着陆器提供其所需的推进力,让我们与计划中的目标会合。带着这么大一组电池板登陆彗星将是一项严峻的挑战。

在去度假之前,达拉已经明确表示,他的想法就是:无论是在接近彗星的路途中,还是在登陆彗星和返回地球的过程中,整个项目中只能使用一艘飞船。可是,等他一出门,我们就决定最好还是用两艘飞船。主飞船负责太空飞行,子飞船负责登陆彗星,完成任务后再回到主飞船上,并搭载主飞船返回地球。子飞船将使用电池供电,这样在登陆彗星的时候就不用带上既笨重又不结实的太阳能电池板。

在达拉回来后的第一次会议上,他就像指导儿子堆柴火的严父似的，对每一件事情都要作详细指示……于是，我们决定随机应变。

我们想向达拉解释我们的想法，没想到他越听越生气。我只能见缝插针地缓和一下气氛，对他说："听我说，达拉……"

他打断了我的话："不，你才要听我说，我不想听你们胡扯。"然后摔门而出。

看到这一幕的人都惊呆了。他就像是拉掉了手雷引信，然后说："照我说的去做，要不然你们会死得很难看！"他摔门而出的举动就像是引爆了手雷。面对这种情感上的恐吓，恐怕谁都会产生不愉快的感觉，更别说要克服它了！我也总算见识了一个人情绪过激是什么样子。

尽管达拉的做法有点极端，但即便如此，他还是树立了一个很好的榜样，让我们知道如何以饱满的热情投入工作。这件事还让我们学到一个经验，即我们要学会利用蛮不讲理和无理取闹来达到自己的目的。

我们常常在会议室里一言不发或在职业生涯中守口如瓶，但我们很容易忘记一个事实，即我们每个人都有说"不"的权利。在实验室，这种做法被称为"以退为进"，比如对上司说："这是我进入这幢大楼的身份识别卡，我敢肯定，你能找到其他合适人选。"

现在，我把这种方法视为保护自己直觉的必要措施。从某种程度上来讲，我们是同时从意识层面和潜意识层面去解决问题的。无论过去还是现在，达拉都是天生的直觉型领导者和问题解决者。他之所以情绪激动，是为了保护他所需要的空间，以便用一种潜意识，甚至可能有点非理性的方式解决问题。在工程界，这种理性和非理性相结合的方式是不常见的，它能给人以极大的震撼，就像是一剂极为强大的催化剂，能让人了解真相。不过，就像任何重口味的配料一样，这种催化剂一定要谨慎使用。

就在我参与 CNSR 项目之际，我那篇关于反面结构问题的博士论文也接近完成了。（我想举例说明一下"反面结构"问题：假如你给一幢大楼施加力量,摇动它,并测量它的反应,这就是"正面结构响应"问题;而"反面结构"问题就是接受已经出现的响应,并倒推测算出造成这种响应的作用力。)

写完博士论文后,我在正规教育体系这条路上已经快走到头了,但我觉得,我从达拉、布莱恩和米盖尔等人身上学习经验的旅途才刚刚开始。

在这个身边都是"理性简约主义者"的环境里,我时常想起当初在马林学院英语课上读过的一篇短文。这篇短文是哈佛大学的一名助教写的,它讲述了一个闲得没事干的大学生的故事。他陪一位朋友去参加考试,并抱着好玩的心态做了份卷子。出人意料的是,这位考场的不速之客得了 A,而他那位真正上过课、把所有教科书都看完的朋友只得了个 C。

这两个人之间的差别就在于:尽管这名大学生的朋友拥有关于考试的一切资料,但他并没有利用好这些资料;而这位大学生除了试卷问题给出的少许线索之外,并没有其他考试资料,所以他会按照自己的想法,对考卷的问题编造出一个令人信服的答案。

那名讲述这个故事的助教用两个动词来描述这两种方法。第一个动词是"发散",即用当前事实替代认知;第二个动词是"归纳",即把对某种形式、内容和参照系的认知依据呈现出来,从而用事实暗示一种根本不存在的关联度。"发散"是一组缺乏模型、理论支持或彼此间毫无关联的数据;而"归纳"则是一种没有数据支持的模型。

我们不能用"归纳"的方式过一生,当然也不能用"归纳"的方式对待工程技术工作;但我们也不能用"发散"的方式滥竽充数。从本质上讲,"发散法"注重的是把我们与可观测宇宙之间联系起来的事实,而"归纳法"注重的是事实之间的关联性,也就是我们所观测到的事物之间的因果关系。"归纳法"是宇宙的模型,我们就是用这些模型来预测尚未观测到的"发散"数据的。

在建造火星车和代表人类探索宇宙的过程中，我逐渐意识到，我们大多数问题源于缺乏"归纳"。我们的飞船发射失败既不是因为缺少足够的事实，也不是因为某个事实产生错误，而是因为我们没有意识到事实之间的关联或联系。

1999年年末，当我们与"火星极地着陆者号"（Mars Polar Lander）失去联系的时候，最有可能造成这次事故的原因之一就是着陆器支撑脚上的一个触点开关启动了，而这是由支撑脚布局所造成的震动引起的。在着陆器距离火星地面上空大约80米的时候，着陆器出现了震动。真倒霉，它差点就成功着陆了！着陆团队都了解基本的事实，但他们没想到事实之间存在联系，即为了防止发生这种提前启动现象，着陆团队已经做过测试了，可他们所用的测试方法不正确；后来，他们也考虑过是否重新进行测试，但最终放弃了。着陆器的接触式开关有着潜在缺陷，而且当着陆器距离火星地表80米的时候，读取该开关的软件可能会点燃引擎，在着陆器本应安全降落的火星表面，留下了一个浓烟滚滚的大坑。这证明了一点：寻找事物之间的必要关联性（即所有可归纳的数据）是一件多么棘手的事情。

科学的原动力就是不断努力去寻找和了解那些联系，而这种努力对于工程技术工作或包括商业在内的讲求实效的行业来说也是极为重要的。仅仅记录可测数据并把它们做成表格的做法是不够的，我们还要深入了解这些可测数据背后的潜在原因，并将这种认知转化为行动。

1999年8月，我获得了博士学位。大约在同一时间，露丝安也完成了她的博士学业，并同时得到两份工作邀请：一份来自摩根大通银行，工作地点在曼哈顿；另一份工作则是在加州州立大学富勒顿分校担任教师。她不太喜欢当老师，而是想去华尔街闯一闯，于是我对她说：那就去闯吧。

我们认为她可能只在纽约待一年，然后就会回来；而且我们认定，在这段时间内，我们完全可以在美国东西海岸两座城市间奔波。但事实上，我们的婚姻从一开始就存在着问题，可我们一直在死撑着。我觉得，两地分居是逃避婚姻问题的一种方式。

她在布鲁克林区租了间公寓，我帮她把家搬到那里。我也把自己在 CNSR 项目的工作安排为一周在喷气推进实验室上班、一周在纽约上班。但不久后，CNSR 项目被取消了，这种东西两岸奔波的生活就变成平时在加州上班，每隔一周在纽约过周末。

我不再被当作一名分析工程师，也不再是弗兰克·提尔曼小组的一员，因此，我开始在实验室寻找新的工作机会。

我听说有个名为"火星探测漫游者号"（Mars Exploration Rover）的新计划，要将分别名为"勇气号"（Spirit）和"好奇号"（Curiosity）的两辆小型机器人地质实验平台送往火星。该计划的目的是用这两辆火星车探测火星上的各种岩石和土壤，以确定火星过去是否存在水，并确定水的性质和范围。为了使项目获得最大投资回报率，这两辆火星车将被送到两个截然不同地点：古谢夫环形山（Gusev Crater）和梅里迪亚尼平原（Meridiani Planum）。前者被认为是位于一个巨大陨石坑当中的湖床，而后者的矿床表明那里曾经有水。

我们失去过"火星极地着陆者号"，因此，我们内心有一种不安全感，不确定这两辆火星车能否安全抵达火星地表，这样的情绪可以理解。为了克服这种不安全感，我们将使用与"火星探路者号"同样的着陆系统。我们还要在更多飞船上使用这个系统。

尽管制定了这些雄心勃勃的科学目标，喷气推进实验室的管理层还是简单地从设计和操作角度把"火星探测漫游者号"视为"火星探路者号"的二度飞行；要知道，"火星探路者号"可是在"更快、更好、更省"的理念下使"索杰纳号"火星车成功着陆火星的经典范例。因此，他们迅速组成项目团队，把手头能用的人都塞进了项目组。当我从纽约回来申请参与这个项目的时候，已经没有空闲名额了。

不过，几个月后，实验室管理层意识到，这项工作比他们最初预想的要困难得多，于是他们请达拉来救急。成为该项目所有机械工程的负责人之后，达拉邀请我辅助 EDL 小组机械工程主管格雷格·戴维斯（Greg Davis）。尽管达拉从未对我明说，但我相信他已经注意到，火星车的设计必须更改，而且他根据过去经验，凭直觉认为我会恰当地自我授权，主动寻找需要变更的地方。

一个组织需要反映出该组织成员的特征。我们不是可以相互交换的、以人为单位的工作量或技能组合。我们每一个人都是独一无二的，组织要以我们为中心。

人才可能会离开组织，所以大多数组织不想受制于人才，它们不满于"人人皆独特、每个人对组织的贡献可能都是非常重要的"这一观念。组织往往认为，决定产品的品质是组织的政策和流程，而不是人。幸运的是，喷气推进实验室比大多数组织都更能接受一个事实，即：没有合适的人，再好的政策和流程也是一桩亏本买卖。我觉得达拉深知这一点，而且我认为，当"火星探测漫游者号"开始面临不同于以往的全新挑战时，他决定利用另一种不同的人力工具（也就是我）。

当然了，格雷格和我不会一直从事同样的工作。最终，实验室转而让我担任 EDL 小组的机械系统工程师，而格雷格不但要负责 EDL 小组，还要负责包括火星车在内的整个项目的机械工程验证和确认工作。在这些重新设定的角色中，我们每个人都被放在一个要发挥个人最大能量的位置上。为了反映出组织中人员的技术和能力，实验室再造了组织架构。

刚回到喷气动力实验室的时候，我根本不知道前程如何。露丝安继续住在布鲁克林区，我每个月过去一趟，而她也是每个月来一次加州。我们之间的联系越来越少，但即便如此，我们还是想生个孩子，这就像一棵快要枯萎的果树要开出更多花簇一样，想在绝望中做出孤注一掷的努力。

神奇的是，六个月后，露丝安怀孕了。九个月后，也就是 2002 年 10 月 10 日，我们的女儿出生，我们给她取名卡列多尼亚（Caledonia）。

据说，小孩的眼睛聚焦要花一点时间，可当卡列多尼亚第一次用她那不可思议的眼神注视我的时候，仿佛上帝给了我一种启示。她的眼神中没有任何虚伪，没有戴着彬彬有礼或恐惧的面纱。我开始意识到，我不想再躲避别人对我的评价。曾经有那么一个机会，我可以挺身而出，全身心地投入领导岗位中，但我没有把握这个机会。现在我要把那些经验教训运用到生活中。对我来说，在工作上所承担的风险似乎一直是为我的私生活冒险所做的准备。

反过来，当我在个人生活中越来越习惯冒险的时候（即勇敢面对婚姻中的问题，并选择顺其自然），我在工作中就会变得更勇敢，更敢于充分地与别人分享我的想法，而且与同事保持更紧密的关系。把飞船送上火星不但需要很多魔术般的科技，也需要很多相互信任、彼此忠诚的人类来完成这项壮举，而这种信任和忠诚也许是可遇不可求的。

现在回过头来看，我在"商博良计划"的第一次自我授权让我走上了一条转变之路。从那时候起，我开始重新理解自己的个人生活，而这反过来改变了我的工作方式。我想，我是一个大器晚成之人，需要历经磨炼。我曾经把学校当作人生磨炼的第一站。在马林学院，学习成绩和课堂表现就像是"人生的实践"；而在参与"商博良项目"的时候，我变得更加强大，并开始了人生的第一次飞跃，勇于向别人表达我的真实想法，而不只是为别人打杂。我就这样一步步走来，对人生和当下生活的投入程度越来越高，我所承担的风险也越来越大。我会越来越投入到我的职业生涯和个人生活中。我的工作正在改变着我，而反过来，我也会竭尽全力地改变工作。

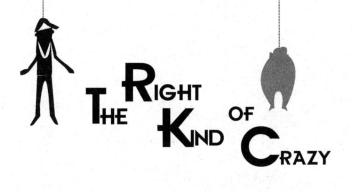

第 5 章

系统工程师

人类为什么要去火星？

从某种意义上来说，这个问题可以用登山家乔治·马洛里（George Mallory）的名言来回答。曾有人问马洛里为什么要去登珠穆朗玛峰，他的答案是："因为它就在那儿！"

毫无疑问，火星一直都在那里，在地球人肉眼可见的太空中；早在人类的祖先学会抬头仰望星空之前，它就已经在宇宙中存在很长时间了。从地球上看去，比火星更大的物体就只有太阳、月亮、金星和木星。我们的祖先只要看火星一眼，就足以升起无限遐想。火星土壤中的氧化铁（也就是我们常说的"铁锈"）让它呈现出红色，因此，古代中国、古代印度、古代巴比伦和古代希腊等古代文化把这颗星球与大火和战争的力量联系在一起，并给它起名为"火星"；而在英语中，火星所对应的单词"Mars"则是罗马战神的名字。

但更重要的是，火星是地球的"姊妹星球"（抑或该称其为"兄弟星球"？）。它是地球的邻居，是太阳系从内往外数的第四颗行星，直径只有地球的一半，与地球之间的距离也刚好是地球与太阳之间距离的一半，它得到的太阳光量只有地球的 43％。火星的自转周期和季节周期跟地球差不多，地轴倾斜度也与地球相类似。它的形成时间似乎也与地球大致相同，也就是大约在 45 亿年前。

　　火星和地球有诸多类似之处，再加上火星存在碳元素、阳光、水和氮气，这些都给火星蒙上了一层神秘的面纱，火星也因此成为人类寻找外星生命的旅途中距离地球最近的目标。除了火星之外，下一个最佳选择可能是被称为"恩塞拉都斯"（Enceladus）的土卫二和被称为"欧罗巴"的木卫二；然后，我们就要冲出太阳系，前往 70 兆英里以外的天仓五星系（Tau Ceti）寻找外星生命了。

　　不可否认的是，"火星上存在生命"这一说法已经被不断地热炒了。19 世纪 80 年代，意大利天文学家乔范尼·夏帕雷利（Giovanni Schiaparelli）观察到火星表面有一些他认为是线性结构的地形，他把这种地形称为"运河"。这一发现促使 19 世纪的天文爱好者帕西瓦尔·罗威尔（Percival Lowell）推测火星上可能存在失落的文明，他在亚利桑那州弗拉格斯塔夫市（Flagstaff）建立了罗威尔天文台。1901 年，尼古拉·特斯拉（Nikola Tesla）认为自己监测到了来自火星的声音。在这两种猜测之下，公众的想象力开始变得天马行空。H. G. 威尔斯（H. G. Wells）发表了小说《星际战争》（*The War of the Worlds*），这掀起了火星题材小说的写作狂潮，罗伯特·A. 海因莱因（Robert A. Heinlein）、雷·布拉德伯里（Ray Bradbury）、莱斯特·德尔·雷伊（Lester Del Ray）以及菲利普·K. 迪克（Philip K. Dick）等作家纷纷发表了类似题材的小说。火星生命成为科幻小说的主要话题，而从爱迪生的经典无声电影《火星之旅》（*A Trip to Mars*）到《宇宙威龙》（*Total Recall*），人类与火星生命的互动成为各类科幻电影的中心情节。

　　显然，我们想在火星上发现的那种生命与小绿人（想象中的生长在地球以外的人）或者像阿诺德·施瓦辛格（Arnold Schwarzenegger）这样的人毫无关系。微生物，甚至是变成化石的微生物痕迹，才会是惊人的发现。对我来说，地球以外其他地方出现的生命将是具有深远意义和令人欣慰的发现。之所以说这种发现具有深远意义,是因为它意味着地球并不是宇宙中唯一有生命的地方,而是一个更广阔的生命栖息地的一部分;而之所以说这种发现令人欣慰,是因为它意味着当我们在地球上的生活变得万劫不复的时候,我们毁掉的不是宇宙中唯一存在的生灵。从科学层面而言,在火星上发现生命,将会极大地帮助我们了解太阳系的起源和太阳系生命的起源,并知晓生命的火种是否出现在地球或类似于火星这样的其他星球上面,又或者同时出现在好几个星球上。这几种不同情形本身就暗示着生命在其他星球生长的可能性有多大。

这是一件非常吸引人的事情,而在过去数十年时间里,喷气推进实验室一直主导着星际探索工作。可是,当"火星探测漫游者号"项目在2000年启动的时候,被人们称为"喷气推进实验室皇冠上的明珠"的火星项目却面临着夭折的危险。

造成这种局面的原因有两个:一个是1999年出现的双重灾难,另一个则是不断升级的美国宇航局内部竞争和太空探索竞赛。在耗资3.5亿美元的"火星探路者计划"结束后,长期与我们合作的洛克希德·马丁公司向我们推荐了两艘飞船,一艘用于携带轨道飞行器,另一艘用于携带火星着陆器,两艘飞船的价格是一样的。因此,对"更快、更省、更好"这个原则的下一次考验就体现在用与"火星探路者计划"相同的时间表和成本造两艘飞船。这就像是在跳"林波舞"①,我们把"横杆"设得比以前更低了。在我们的帮助下,洛克希德公司能通过那么低的"横杆"吗?

这些飞船使用一些相似的部件,但它们要完成不同的任务。它们的发射时间只相隔几个星期,其中一艘飞船要将着陆器降落在火星表

---

① 源于西印度群岛的一种舞蹈,舞者身体后倾,钻过一次比一次更低的横杆。——译者注

面,即"火星极地着陆者号";而另一艘飞船要把轨道飞行器留在火星轨道上,即"火星气候探测者号"(the Mars Climate Orbiter)。进一步省钱的办法就是再次使用"现成"设计,其中包括气动外壳和"火星极地着陆者号"上使用的腿式着陆平台,这些设计可以回溯到20世纪70年代的"海盗号"项目。

为了节约成本而冒险听起来是一个合理的赌注,而且这个方法在"火星探路者号计划"中也发挥了作用。但是,当你为了兼顾两个目标而左支右绌的时候,省钱就没什么意义了。

"火星气候探测者号"发射失败了,因为我们在测量单位上犯了一个低级错误——唉,这真让人心痛。我们与洛克希德·马丁公司签署协议时规定采用米制测量单位,但在一份关于微力(比如太阳辐射压力)的文件中,有一栏数据是以英制单位(即"磅")录入的。问题是,我们没有足够人手把所有数据过滤一遍。因此,在这份文件被转交给喷气推进实验室之后,已经到了要把飞船送入火星轨道的时候,还没等我们修改数据,飞船就烧毁在了火星大气层中。这只是数据录入过程中产生的一个小错误,但就是这么一个小错误,带来了极其严重的后果。自然而然地,我们成为深夜电视访谈节目挖苦的对象;从莱特曼(Letterman)到雷诺(Leno),很多主持人都这样取笑我们:这些天才连测量单位都弄错了! 我感觉每个人都对我们有偏见。

为了挽救着陆器,喷气推进实验室曾想弄清楚错误的根源在哪里,但由于其他原因,着陆器也坠毁了。我们又一次人手不足,无法核对和复查所有数据,并把所有事情掌控好。这场"林波舞"的"横杆"设得太低了,让我们腰痛不已。

之前我曾提到,一支调查组后来认定,最有可能出现的情况就是:在着陆器下降的最后阶段,计算机误将着陆器的一次机械振动当作是着陆器已经接触到火星地表,于是张开着陆器支撑脚,并关闭了引擎,这导致着陆器从大约 80 米的高空垂直跌落到地上。这种情况本来会在我之前提到过的失效测试中被发现，但我们没有意识到这个测试的重要性，所以没有重新进行测试。参与这个项目的人员实在太少了，我们根本无暇顾及所有问题点。因此，两个不同的错误导致了两场不同的灾难。

在任务可能失败的风险和做出更多探索的希望之间，"更快、更省、更好"原则已经做出了取舍。一些未知的问题点一直存在着，它们让取舍的条件已经变得不可接受了，但除非你走到那一步，否则你永远不会知道这一点。"火星极地着陆者号"和"火星气候探测者号"已经发现了坠落点，而如今我们每一个人都痛苦地意识到，"火星探测漫游者号"项目已经让美国宇航局和喷气推进实验室的名声危如累卵了。

即便如此，"火星探测漫游者号"项目的最初方案仍然秉承了"旧设计能用就用"的观念。"更快、更省、更好"原则在"火星探测漫游者号"上的体现就是把两辆体积更大的火星车塞进"火星探路者号"的原有 EDL 系统，然后用一艘飞船把其中一辆火星车送上太空；几周之后，再用另一艘飞船把另外一辆火星车送上太空。

"这只不过是一次重复飞行"的思维方式催生了"按蓝本建造飞船"的方案，也就是说，我们要在陈旧的设计或蓝图基础上建造飞船。这样做的结果就是，实验室没有为项目配备设计师级别的工程师。而这种工程师恰恰又极富原创力，他们甚至敢于质疑摆在他们眼前的计划。分级管理制度只是把那些擅长拼凑产品的工程师聚到一块，让他们一次又一次地对这些产品进行测试，直到确定每个部件都是完美无缺的。

但现实很快让我们如梦初醒。我们发现，每到关键时刻，我们就不得不做出始料未及的改变。最终我们意识到，为了使"火星探测漫游者号"顺利登上火星，我们必须完全摈弃"按蓝本建造飞船"的观念，并踏踏实实地制造一些全新的部件。由于 EDL 部件都是相互关联的，而且整艘飞船成千上万个其他部件也是相互关联的,因此,"火星探测漫游者号"的 EDL 环节演变成一波接一波的改动,每一次改动都给整个团队带来更多压力。

而且,项目留给我们的时间已经不多了。视乎地球轨道和火星轨道的重合情况,这两颗行星之间的距离有可能是 2.49 亿英里,也可能是 3390 万英里(这种情况只会每 26 个月出现一次)。要用现有的火箭到达火星,我们就得等待合适的时机。我们刚刚错失了一轮周期性的相遇机会,因此,地球和火星的下一次"亲密接触"时间将是 2003 年;可话说回来,就算我们坚持采用"按蓝本建造飞船"这一理念,26 个月时间也是非常紧的。

日程表紧凑的好处之一就是钱很难花出去。真正花钱的地方是人。人与人之间的沟通也很费钱,因为当人数规模从 1 个人增加到 3 个人,再从 3 个人增加到 1000 个人的时候,光是培训和学习环节就需要花掉大量金钱。在时间非常有限的情况下,人与人之间的互动会减少,从而大幅度减少开支。然而,当时我已经逐渐意识到,建造飞船和世界上其他大多数复杂的工程一样,成败完全取决于人与人之间互动的质量、沟通的清晰度等人为因素,这些因素与技术一样重要。

在实验室里,每当谈及"火星探测漫游者号"计划,我们都说自己正在参与的是一个"为生命而战"的项目,因为这个项目只许成功、不许失败。

要把一辆尺寸颇大的火星车塞进"火星探路者号"的着陆系统,这项任务可真够呛,但宇航局和实验室觉得我们需要一针强心剂,于是他们这样鼓励我们:既然"火星探路者号"已经大获成功,那为什么不重复使用这个系统呢?

不久,上级就要求我们创建另一种版本的"火星探路者号"系统,这个版本提高了成功概率,并在一定程度上节约了不少开支。如果我们同时把两辆火星车送上太空,那至少有一辆火星车能到达目的地,成功机会大大提升；再者，如果我们在建造第一艘飞船的同时复制第二艘飞船，那么它的成本将是相当低廉的。

尽管如此，我们还是有很多工作要做——哦，还有一点：我们只许成功、不许失败。在紧迫的时间内实现高质量且明确的工作目标是一件很困难的事情。因此我认为，作为冷静理性的工程师，我们每个人都会说："它当然会成功。"但作为感性的人类，我们的内心却可能在说："我们不一定会成功哦。"

我喜欢身处狂风暴雨般的高风险环境中，但我也意识到，这种风暴能轻易地把我卷走。有些人能从容面对压力，有些人则会在压力面前退缩；我渴望成为前一种人，所以我想了个办法：每当我感觉自己快要卷入风暴中时，我想象自己穿着一件保暖大衣，站在一个大雪覆盖的山坡上，暴风雪在我身边打转。我要关注大衣里面的温暖和平静，并将大衣外面的风暴视为一种美。

我经常锻炼身体。每天早上，我都要到户外慢跑两到五英里；而有时候晚上下班回来后，如果我的精神还是十分亢奋，我就会再到外面跑跑步。跑步能缓解我的身心压力，不用通过吃吃喝喝来麻醉自己——当然了，后者是我的另一种选择。

公众的密切关注更增加了我们的压力。"火星探路者号"发射成功那天，它登上了《时代》周刊的封面。但在"火星探路者号"的研发过程中，尽管我们的公关人员四处接触各类媒体，但没有哪家媒体想制作一部关于这个项目的纪录片，因为该项目还不为外界所知。所以，当"火星探路者号"的索杰纳火星车成功着陆火星时，这个被称为"载入人类火星探索成功史"的重大项目却未被制成纪录片，所有纪录片公司因为错失这个机会而懊悔不已。

因此，"火星探测漫游者号"项目刚一开工，来自美国、欧洲和加拿大的六家电影公司摄制组就把实验室围得水泄不通。起初我们还觉得有点不习惯,但过了一会儿我们就适应了。我们就像大猩猩学会在灵长类动物学家观察下发生性行为一样,若无其事地忙着做自己的事情。他们偶尔把我们当中某个人拉到一旁来拍个照或进行采访。有些记者所问的问题给人以他们不关心这个项目或对这个项目缺乏兴趣的印象;有些记者则对这个项目进行过深入研究,他们的提问非常睿智;还有人显然已经预先写好了台词,他们只是来实验室寻找一些名言警句,以验证他们脑海中早就设定好的故事情节。

在我心中,最真实的故事情节就是我们需要重新思考每一个环节。一般而言,工程师比普通人更有深入挖掘真相的欲望,这不仅是出于我们天生的好奇心,还出于我们的实际需求。但每当我们担心自己所发现的东西会带来不利影响,从而迫使我们不得不改变某些事情的时候,我们也会变得踌躇不前。

在"火星探测漫游者号"项目组内部,各个团队对于冲破"按蓝本建造飞船"这一桎梏的认知程度和接受程度是截然不同的。每当我们探讨要对"火星探路者号"遗留下来的 EDL 设计做出哪些改动时,项目管理层的某些人总是用一种惶恐不安的心态看待这个论题,因为它正好违背了启动该项目的前提。

机械工程团队的领导达拉·沙巴依曾要求我与格雷格·戴维斯共事,而格雷格正是那些害怕做出改变的人之一。格雷格是一个非常有能力的工程师,但他的天赋是保持团队前进的势头,并让团队专注于最终目标。另一方面,我加入项目团队之后,马上就开始质疑一切不合理的事物,这是我个人学习过程的重要一环。我对于设计环节的质疑比身边大多数人要深入得多,而在质疑之后,我会提出很多与问题相关的事项,并提出一些比其他人要深刻得多的变更建议。

格雷格并不赞同我的观点,或者说,他太了解我们的痛苦经历了,担心这种变更会影响我们的工程进度。因此,他选择维持项目的现状,让项目按部就班地进行下去。在他眼里,我肯定是一个我行我素、做事不顾后果、会威胁到任务顺利进行的人。他担心我们无法按时完工。起初,这种剑拔弩张的紧张局面非常明显,我们双方各执一词。随后,我们对此进行了讨论,而且这种讨论对项目而言是有益的,但我还是认为我们都把对方折腾得够呛。

有时候,我们需要项目经理不断地推动项目向前发展;而有的时候,我们也要有喜欢"惹是生非"的人停下来质疑某些问题。达拉发现了我们的处境,他最终认定一点:我们更需要搅局者,而不是和事佬。他让我担任 EDL 小组的机械系统工程师,负责把各个环节连接起来,并确保环节组合以后能够发挥作用。

如果不把"商博良计划"考虑在内的话,这是我第一次真正担任项目经理,也是我第一次有机会真正地影响到一个项目的大部分进程。我的 EDL 团队约由 10 名普通员工组成,他们当中既有刚出校门的毛头小伙,也有 50 多岁的老员工。前者以本·托马斯(Ben Thomas)为代表,他来自明尼苏达州,是一个快乐且精神饱满的年轻人;当初我在威斯康星州教书的时候,他就是我的学生,而且敢于在保龄球问题上挑战我的权威。后者则以卡尔·根西(Carl Guensey)为代表,他是一位公认的喷气推进专家,却喜欢从事一线工作。还有约翰·卡尔森(John Carson),他的体格就像高中橄榄球队的中锋,具有一种"老黄牛"的坚韧精神。丹妮丝·霍勒特(Denise Hollert)是一名高个子的女士,她说话的声音低得可怜,这反而起到了让大家认真听她说话的奇效。阿伦·费什曼(Aron Fishman)体格瘦小,年纪在 50 岁左右,带有中东口音。还有安德里亚·卡皮塔诺夫(Andrea Kapitanoff),个子虽小,但脾气相当火爆。

我认为,大多数领导者都对自己的权威有着某种不安全感,至少在某种程度上是这样的。我当然也不例外,而我巩固权威的方式就是努力了解团队成员的工作内容,做到和他们的努力程度保持一致——我是这样想的,也是这样做的。我尽力在技术层面树立自己的威信,从而赢得团队成员的尊重。当我的团队成员在想办法解决某些问题的时候,我也能想到这些问题,并和他们一起携手寻找解决方案,这似乎让他们觉得很安心。在团队会议上,我们常常进行大量的辩论,而我则鼓励每个人都要思考别人的问题,并找到问题的解决方案。对我来说,这样的辩论非常有意思,我觉得这种方法拉近了团队成员之间的距离,使他们比以前更加认真地投入到工作当中。

工作以外的社交活动也有助于团队建设。我们组织了一个名为"贪杯星期三"的活动,就是在周三晚上不停地变换酒吧喝酒。我发现,这个活动是加强团队关系的一个好方法,它能让每个人都对同事敞开心扉、无所不谈,并为此而感到心情舒畅。

如此亲密无间的合作让我感到高兴,我也为团队中的很多人着想,但其实我并不知道自己在做些什么,并且犯过无数的错误。其中最严重的一个错误就是我太过自以为是,把自己喜欢的东西强加到别人身上。说得具体一点吧:我在那次"火星探路者计划"会议上看到了一种咄咄逼人、极具挑战性的交流方式,那是我第一次看到这种交流方式,并且被它深深吸引,于是我加以效仿,并认为我团队里的每个人都能适应这种方式。

我到现在还记得,我一次不落地参加了所有的"贪杯星期三"活动,但我真的不应该这样做。这并不仅仅是因为少喝酒对我的肝有好处,还因为作为领导者,我没必要去讨好每一名团队成员,更不应该总是想着左右逢源。虽然我一直很照顾手下员工,但我也应该给他们创造一个在我背后说我坏话、抨击我甚至是诋毁和污蔑我的机会。无论这些话是对是错,这种场合都是他们表达自己观点的好时机。可是,我并没有给予他们这样的空间。

事实上，尽管我们的合作亲密无间，尽管我们在学术上敢于刨根问底地质问对方，尽管我们在每周三晚上"寻欢作乐"，但并不是每个人都能融入团队当中。我的 EDL 小组中有好几个人一直想在部门中谋得一席之地，而现在回头想想，我当初的一意孤行可能让他们更加没有出头的机会。那时候的我骄傲自大（呃——至少比现在骄傲自大得多），我觉得问题出在他们身上。我认为他们太软弱了，或者他们不懂得排解自身压力。随着时间的推移和见识的增长，我的观念如今已有所变化。

我们患难与共，并且一起完成了这个项目，但我知道，那些人本来可以取得更大成就的，是我拖累了他们。事实上，团队领导必须是团队文化的奠基者，但我们不能采取"一刀切"的办法，而是要容忍不同风格共存，并竭尽全力营造一种开放的团队文化，允许人们以不同的方式完成工作。在这方面，也许我现在仍然没有做得太到位，但在那时候，我只知道搞"一刀切"，而且是相当高调地做这件事。

尽管这种异乎寻常的紧密团队合作源自我的领导风格，但说实话，它也反映了 EDL 小组的真实情况。由于飞船的所有功能与其他部件融为一体，我们不得不共患难、同进退。太空探索涉及的许多机械工程工作并不要求人们进行如此频繁的团队互动。我们可以让团队会议变得更加正式一些，并减少开会频率；团队成员之间的产品和信息交流可以写在一份交接清单上，只需简单查验即可。

但 EDL 所面临的问题需要更高的团队融合度。问题的解决方案不容易理解，且那些解决方案的物理学知识和工程学知识的关联度更加紧密。降落伞的流体力学、流体/结构互动，隔热罩的空气热力学以及火箭发动机的推力和应力——对 EDL 团队而言，许多机械硬件都存在功能耦合，而这种耦合程度在太空飞行的其他很多领域是不存在的。这项任务的艰巨性使团队成员对彼此的努力形成了一种更完整的共识，并且知道我们负责的每个部件肯定适合更大的系统。它让所有的一切变得更有意义，它鼓舞和激励着我们。归根结底，它是把事情做对的重要基础。

不是每个人都想成为团队领导，因为不是每个人都想承受事无巨细都要管的压力。但根据我的经验，当看到事情一件件完成而且每件事都进展顺利的时候，每个人似乎都很高兴——只要有人愿意成为他们的精神领袖就行了。如果你鼓励他们参与并尽量理解彼此的工作，那么团队氛围会变得更好。当某个人不了解另一个人的某方面工作时，他所提出的问题就具有初学者的独特视角，而这些问题可能会给人留下深刻的印象，把团队带入更深层面的分析和问题解决阶段。

我告诉我的团队成员："我要把你们所有人都变成系统工程师。"这个团队的每个人只负责一个零部件或元件，而我之所以说这番话，是想鼓励他们从整个系统的角度思考工程问题。

系统工程学实际上是一门了解飞船功能的基本技术性能及其物理机制的学科，它让我们知道飞船各个部件的连接和互动与单个元件的性能同等重要或关键。通过系统工程分析，我们可以了解每个部件的潜在风险和整个系统即将表现出来的性能，确切知道系统的哪些性能是已知的、哪些是未知的，并且知道如何平衡风险，如何在设计方面做出选择，以实现一个能满足我们需求的复杂系统。如果我们要应对一系列复杂的、需要配合的、相互关联的行为（比如飞船的 EDL 阶段），系统工程的重要性就尤为突出。

如果把飞船比作我们打算建造的一堵墙或一幢建筑，那么，包括各种仪器、架构、降落伞、火箭发动机等部件在内的飞船子系统就是这堵墙或这幢建筑物的砖；而系统工程既是砂浆，也是这堵墙的建筑外形。系统工程师必须十分了解每一块砖，以及这些砖如何才能被砂浆结合起来，还有这堵墙要砌成什么形状。

　　在担任系统工程师之前，我在喷气推进实验室的工作在很大程度上只是一项工作而已。但现在，我能够充分发挥我的能力来发现各个环节之间的关联性，包括这项工作不同元素的技术关联性，还有从事这项工作的成员之间最基本的人际联系，这与技术关联性同等重要。当我们享受"贪杯星期三"的串游酒吧活动并举行充满健康学术气息的团队会议时，我看到这个团队比我之前共事过的任何一支团队都更有凝聚力。我开始意识到，在人性与技术之间存在着关联性。在我们从事系统工程工作的时候，我们不仅在设计工程系统，还要创建能孕育出这种工程系统的人文体系。

　　在我们的例子中，不断改善的团队内部沟通方式和不断升华的同事情谊让这个团队变得更加出色。同事之间不再是每周只交流两次，而是每天都会交谈 5～10 分钟；工程师们以打赌的方式猜测试验结果，并相互比拼对工程元器件的了解，将此作为闲暇时的消遣。我们的发动机工程师卡尔·根西向本·托马斯咨询了一个关于火箭发动机支架安装的问题，托马斯的答案让他的结构方案变得更加合理。罗宾·布鲁诺（Robin Bruno）对火星车降落伞的评价使安德里亚的缆绳系统工作得到了改进。尽管我的压力特别大，但幸好每一件事都在渐入佳境；而对我个人而言，我比以前更能从工作中感受到快乐。

第 6 章

探寻真理

时间来到 2002 年。我们慢慢知道,参与开发着陆器控制系统的工程师安德里亚只喜欢喝精致的土豆伏特加;下降限速器开发工程师约翰喜欢买豪车,而那些车并不适合他;负责降落伞的 CTM 工程师罗宾喜欢每隔两天跑一次步,不跑的话就会发脾气。

在机械团队之外,我逐渐和韦恩·李(Wayne Lee)带领的 EDL 系统团队的其他人打成一片。米盖尔和我情同手足,我们开始真正地并肩工作,并尝试着改变一些东西。

所有这一切意味着现状即将发生改变。

我们本应该继承某些传统,而现在,这些传统不得不发生改变。随着系统团队和机械团队走得越来越近,我们就越来越明白这一隐含的事实。

我的职责之一就是向上级传递这个信息,但这个信息并不受上头欢迎。我们信誓旦旦地向上级说,重新启用已经大获成功的"火星探路者计划"留下的部件不但可以降低风险,而且还能节省费用。由于这些部件可能会产生变动,因此,我们规划这项方案并说服上级接受该方案的基础也会改变。

我们模仿的"火星探路者"着陆系统包括以下部件:

■ 一个受隔热罩保护的、用于穿透火星大气层的气动外壳；

■ 一顶用于降低飞船速度的超音速降落伞；

■ 三台用于进一步降低飞船速度的固体反冲火箭；

■ 用于监控火星地面状况、为火箭和整个着陆过程计时的雷达；

■ 一个四面体着陆器，通过一根 20 米长的缆绳放下火星车；

■ 围绕着陆器的安全气囊，缆绳被切断时，气囊能让着陆器安全降落地面。

根据以往流程，我们要安排一个人负责降落伞，一个人负责火箭发动机，一个人负责安全气囊，还有一个人负责统筹全局。但按规矩，这名领导不一定要把某个人职责范围之外的事情告诉那个人，也不会鼓励他们用真正团结和负责任的态度解决彼此遇到的问题。

在我看来，"火星探测漫游者号"EDL 机械系统的领导工作就是将各环节连接起来，从而保证整个项目顺利完成，但前提是我要对各环节的工作方式和失效条件有着深刻的理解。这要求我超越传统观念的束缚，让每个人都积极参与到其他人的工作中去。

达拉从始至终都鼓励我摒弃狭隘的观念，努力整合各环节资源。慢慢地，我开始喜欢把人们团结在一起，并鼓励人们增进相互了解，让他们知道自己所做的事情与别人所做的事情是如何相辅相成的。

举例来说，火星车降落伞是由一个信号发射器打开的，而这个信号发射器是由飞行计算机启动的。这台飞行计算机位于火星上空，负责运行跟踪整个着陆过程的制导、导航和控制软件。罗宾·布鲁诺是我的队友，他负责让降落伞顺利打开；但要做到这一点，我们必须非常清楚发射器的触发算法，以了解启动发射器过程中的所有不确定事项及我们的降落伞会面临哪些不确定条件。

由于我们不仅仅需要了解每个部件如何工作，还要深刻认识到每个环节是如何协同工作的，因此，我承担起连接各环节的职责。不过有时候,我也会让各个环节的负责人大为恼火。

比如,我每天都要过问罗宾所负责的降落伞开发进度,而且还要亲自与降落伞的承包商打交道,甚至要跟他们讨论降落伞的缝隙结构和测试的细节。那时候,我认为这些工作都是我必须做的,但我现在敢确定,罗宾当时肯定觉得我太过于事必躬亲了。事后看来,我当时可能真的是管得太细了。

如今,我要找到其他方法来完成最终的集成化产品。我想鼓励团队成员在必要的情况下更加深入彼此的工作,而且我希望他们不到万不得已别来找我。从某种意义上说,我在"火星探测漫游者号"项目上事必躬亲的做法可以视为一段失败的管理经历。当时我们的时间非常紧迫,因此,那种管理手段可能是完成项目的保障。但如今,我会尽可能地使用其他管理手段。

无论是谁,只要看一眼这个项目的组织架构图,他就能明白:在EDL小组机械系统的有限领域之外,我不是其他任何人的上司,也就是说,我对开发其他配套部件的团队没有直接管辖权,但我仍然把帮助EDL团队寻找整体解决方案视为责无旁贷的任务。我为机械团队树立了一个榜样,希望他们能在更大的EDL系统团队内做到我要求他们做的事情。

因为我们遭遇了一个意料之外却又不得不面对的难题,那就是火星车的尺寸问题。

"火星探路者号"索杰纳火星车的大小接近一台电烤箱,重量为25千克。这辆个头虽小、性能却非常强悍的火星车之所以可以做成那么小,是因为它来自一个太空基站,该基站里还有体型庞大的计算机和用于跟地球联络的大型电台。而在"火星探测漫游者号"项目中,我们没有使用基站,这意味着所有元器件都要安装在"勇气号"和"机遇号"这两辆火星车上;也就是说,它们的尺寸比割草机还要大点,每辆车的重量达到 173 千克。

我们还想让这两辆火星车承担火星地质学家的职责,从而提升"火星探测漫游者号"这一项目的科学回报率。它们具备立体成像技术,能够勘测地貌、寻找火星上的矿藏;它们身上还有一种能切割岩石的磨削工具、分析矿物成分的热辐射光谱仪,以及可以更近距离观察岩石成分的显微镜。这些附加设备需要一个更重的悬架,还需要更大的轮子、转向装置、电台、天线和计算机,所有这一切需要更强大的动力,而更强大的动力则要求火星车配备更大的太阳能电池板和加热器,以便在夜间为所有设备保暖。

在我加入工程机械团队之前,他们只是尝试把这两辆新的火星车折叠起来,塞进陈旧的"火星探路者号"着陆系统。当这种尝试明显行不通时,"火星探测漫游者"项目组开始从那些可能更有结构设计经验的人那里寻求帮助。因此,达拉·沙巴伊在聘请我的时候对我说:"我们要面对现实,做出一些必要的改变。"

这便意味着其他人没有以自己的方式面对现实。整个 EDL 团队有着相同的目标,但按照米盖尔的说法,人都是通过一种"对人格障碍进行建设性干预"方式取得成功的,所以,我觉得我只是更有寻找真相的动力,而且不太担心知道真相之后的后果。换句话说,我可能要推翻一切现有的东西。这种情况有点像我年少时不关心自己的身体,为了寻找某种虚无缥缈的现实而摔断了不少骨头。为了给一个抱残守缺的项目带来变化,我愿意感受这个变化过程所带来的不适感,因为这种感觉很真实——从孩提时代起,我就一直在寻找这种真实感。当我第一次上物理课的时候,我就知道自己已经找到了这种真实感。

紧接着,我们又开始意识到,如果用"火星探路者"着陆系统把这辆体型大得多的火星车降落在火星表面,那我们就需要一顶更大的降落伞。同样地,在降落伞打开之后,我们要用更大的火箭让火星车减速;

而当火星车最终撞击地面时，我们要用更大的气囊来缓冲火星车受到的冲击。重新使用"火星探路者"的部件是一个不错的想法，但这个想法不符合实际情况。

加大降落伞尺寸更成问题，因为这就导致要用一个更大的伞罐来容纳降落伞。而伞罐尺寸加大之后，就要用一个更大的气动外壳来容纳伞罐。

尽管存在着这些连锁反应和其他令人苦恼的潜在影响，我还是要和飞行控制系统的经理理查德·库克（Richard Cook）进行争论。我告诉他，我们根本无法拖动设想尺寸的降落伞。这是一项艰巨的、令人惊讶的任务；这种改动很可怕，我们不能等闲视之。

有些人之所以能成为管理者，是因为他们擅长管理；还有一些人能成为管理者，是因为他们比其他人聪明。理查德·库克就是后者。我和米盖尔探讨过这样一个问题：在参加高管会议的时候，你如何才能在其他主管都在场的情况下用类似于假装接电话的方式逃避责备？其实，主管们并不会一直留意你的发言，也不一定按照你的逻辑去思考或者记得你在几周或几个月前做过的承诺或使用过的论据。但理查德可不是这样的人。

理查德是一个冷静且细心的聆听者。当他向你提问的时候，你会感觉自己像是被一条巨蟒缠绕着，然后被它慢慢地勒紧。如果你回答了他的问题，他就会步步紧逼，而你必须要记住你对他说过的每一件事情，因为这些事情他都记得一清二楚。如果你所说的话前后矛盾，或者表现得思维混乱，他就会重新提起你之前说过的话。此外，无论我多么深入地探寻了问题的真相，他总是对我刨根问底，让我更深入地了解问题本质。最重要的是，理查德思维极其敏捷，他能够从更深层面挖掘事实，从而使局面峰回路转。我和米盖尔以前常常说，在跟理查德争论时，假如你说服理查德接受了你的推论，那么你会发现，还没等你想好下一步动作，他就已经走在你的前面了。

例如，我们曾争论是否要增加降落伞测试次数。增加测试次数会超出预算，所以大多数团队领导都不赞成这个想法。最终，我向理查德提出了我的论点，而他似乎被我说服了。但紧接着，他就问我为什么我要求进行附加测试的次数这么少。他说如果我的论点是正确的，我们要做的测试次数就是我所提议次数的两倍。这就是理查德的作风——一旦他认可某个事实，他的动作就会比你快。

每次与理查德开会，我都学着改进和他打交道的方法，这大大提高了我的博弈水平。每当和他进行争论时，我会暂时放下手头资料（通常是 PPT 幻灯片），并思考我想说的事情的本质以及我要说这件事的原因。然后，我开始思考他会用什么样的论点来反驳我的主张，并考虑它们是否比我要证明的观点更站得住脚。简而言之，当我和理查德一起走进会议室的时候，我就开始做理查德要做的事情。这让我的工作更出色、更平衡，也更深思熟虑。

还好，理查德往往会接受我的观点。在把气动外壳做得更大这个问题上，我们是幸运的。我们已经在使用"火星探路者号"原有的模具，那是一个圆锥形的阳模，我们可以用混合材料把它包裹住。这个模具一直没有超出原始设计规格的余量，因此我们能够用混合材料进一步包裹住圆锥体，做出我们想要的东西。不然的话，这个方案可没那么容易获得批准。

在低密度大气环境中使用超音速降落伞来为飞船减速是一个非常复杂的问题，这个过程会发生各种奇特的现象，而其他小组的工程师都没有遇到过类似问题。在密度更高的地球大气中，空军伞兵通常在较低速度时打开降落伞。因此，我们没有现成方法准确测试降落伞在火星上的表现。如果我们要在地球上正确无误地测试超音速降落伞，就要在至少 13 万英尺的高空打开降落伞，而人类所有的热气球和飞机都无法到达这个高度。这让问题变得更加复杂。

在 20 世纪 60 年代，当美国与苏联进行太空竞赛的时候，为了进行星际探索，美国宇航局尝试过各种奇形怪状的降落伞和类似于热气球的减速装置。到了 20 世纪 70 年代，宇航局已经决定使用最基本的"盘—缝—带"降落伞结构设计，该设计被用于"海盗号"和从那以后的每一次星际探索任务。"盘"就是常见的圆帽形伞盘，帽顶有一个通风口，能帮助降落伞以正确方式打开并沿直线飞行。"缝"是指位于伞盘下方的开口断面，它可以提供额外的"几何多孔结构"或出气孔来稳定降落伞。"带"则是指伞体的下边缘，它通过伞绳与伞缝相连。

当然了，我们可以加粗伞盘纤维，从而使伞盘变得更结实；而且，我们还可以改进降落伞的设计，对伞盘或伞带进行改动，以进一步提升降落伞的性能。换句话说，我们可以在不增加降落伞体积的情况下，既加大降落伞的拉力，又保持降落伞的稳定性。

在前往火星的路上，降落伞必须要安装在合适尺寸的伞罐里，这就需要把整个火星车的形状设计得与"火星探路者号"有所不同。可即使在我们开发出这个罐子之后，我们仍然需要设计出更多的降落伞外形款式。在重新设计降落伞和伞罐的矛盾需求之间，时间已经来到 2006年 6 月份。我们准备对降落伞进行测试。

我们的降落伞供应商有权使用美国国民警卫队（National Guard）位于爱达荷州博伊西市（Boise）的一处靶场，而且还能使用几架重型起重直升机。因此，我们把新设计的、体型更大的降落伞带到靶场，并将其中一顶降落伞绑到一枚尺寸接近巡航导弹、重量与一辆满载货物的全尺寸皮卡车相当的巨型标枪上。然后，我们用直升机将它带到 1 英里高空并扔下去。降落伞在空中打开后就爆裂了，它像一只死去的小鸟似的坠落到地面。我们被这一幕惊呆了，心里在想："刚才到底发生了什么事情？"

我们的测试流程是否过于繁琐？也许降落伞的纤维正在承受着过高的应力。

我们又尝试了一遍，结果是一样，降落伞又在空中爆裂了。

我们花了一整晚时间来思考白天所发生的事情，再次核对我们在降落伞纤维应力上的计算结果和测试流程，然后又尝试了一次，结果是更多爆裂成碎片的橘色和白色降落伞纤维散落到地面上。

我们离飞船发射只有整整一年时间，而降落伞环节早就应该完工了。按照计划，飞船的所有部件此刻应该都已经完工，剩下的工作就是把它们组装在一起。但现在，我们却要开始重新设计本就已经重新设计过的降落伞。我们不是落后于预定计划那么简单，而是根本不知道怎么办，因为我们不清楚哪个环节出了错。

我把我们遇到的麻烦告诉了达拉，但我请求他别声张出去，因为从直升机上投掷降落伞这个过程存在着很多未知因素，所以我们第二天还要继续试验。如果只是测试工件失效，我不想让所有人感到惴惴不安。

但是，当我们第二天再次测试的时候，试验又失败了。于是我们召开紧急会议，请弗吉尼亚兰利研究中心的空气动力学专家胡安·克鲁兹（Juan Cruz）和普拉迅·德塞（Prasun Desai）帮我们在博伊西做一次飞行轨迹模拟测试。16个小时后，他们来到了博伊西。

这两位帮手到位之后，我们的团队在博伊西假日酒店（Holiday Inn）订了一间会议室，并把我们的笔记本电脑、与降落伞相关的文件和设计蓝图全部带到了会议室。为了找到问题的解决方案，我们要确切地知道降落伞在哪些情况下会失效。

标枪从直升机上落下后，先是缓慢下坠，然后开始加速，此刻降落伞准备打开。但在发生故障的时候，标枪是以多快速度下坠，这一信息非常关键，但我们很难获取这个信息，因为我们只能站在一片开阔地当中仰望标枪,而这样是看不出它的下坠速度的。

在反复测试又不断失败之后,我们的心理压力变得越来越大。我正常的饮食起居习惯也随之改变。当我们脑海中毫无头绪的时候,我们会在会议室里没完没了地开会,然后到博伊西的一家夜总会狠狠地喝上几杯波旁威士忌作为消遣。在第二天早上,我们会起得特别早,以便挤出时间在环绕博伊西市的索图斯山(Sawtooth Mountains)山脚下跑步。我们这样做是为了摆脱前一天的困境,并为迎接新的困难做好准备。我们所有人都已经被折磨得苦不堪言了。

理查德终于忍不住了,他打电话给我们说:"伙计们,放松点。你们累死累活却不知道问题到底出在哪里吗?花点时间好好想想。"

我们接受了他的建议,去找我们所认识的降落伞专家寻求帮助。幸亏我们的降落伞承包商先锋公司(Pioneer Aerospace)从行业竞争对手那里挖来不少专家,他们曾在圣地亚国家实验室(Sandia National Labs)的武器研发系统和其他地方工作过。我们最初想通过电话交流的方式把问题弄清楚,但没什么效果,于是我们相约两周后到先锋公司设在康涅狄格州的工厂见面。

但就在我们见面前一天,导致降落伞失效的罪魁祸首终于现形了。先锋公司的专家艾尔·维特克斯基(Al Witkosky)在研究降落伞图纸时突然茅塞顿开。我们一到达康涅狄格州,他就告诉我们这是怎么一回事。我们盯着图纸,想象着降落伞充满气体时是什么样子的。这时候,我们也顿时明白降落伞为何会失效了。

我们看到的是一幅尚未变形的降落伞图纸,也就是它刚刚被缝合起来的形状,但还没有被加载任何空气动力。不幸的是,我们之前就是在那种形状下设计降落伞的载荷结构的。实际上,当降落伞充满空气的时候,它的形状会截然不同;而在那种形状下,有些载荷结构与我们的设计方向是完全相反的。因此,当降落伞充满空气时,它们就会解体,这毫不奇怪。

该降落伞由聚酯纤维和尼龙制成,下方悬挂了 48 根凯芙拉合成纤维吊绳。我们把吊绳缝到伞体上,但我们不想让接缝处承受拉力,因为这样只能通过缝线的力量把伞结合在一起。因此,我们把吊绳放置在伞体外部,这样伞体就会撑开吊绳,而缝线就会使它保持形状。但是,我们的降落伞形成了一个球体,导致吊绳从外部脱离了伞体。由于从来没有人能近距离观察降落伞充气时的样子,所以我们都没有意识到这一点。

现在,我们显然无法通过重新设计降落伞来得到想要的效果。我们不能加大降落伞的重量,因为我们要在降低速度与加大拉力强度之间权衡。

由于时间有限,我们无法做一系列设计,然后从中找到一个最优的拉力强度方案,所以,我们现在的唯一选择就是进行同步测试。我们开始重新制订五种不同的设计方案,然后在受控状态下对它们进行快速的连续测试。

在这个过程中,我们要否定五个设计方案中的四个方案,这也就意味着肯定有四个团队是在做无用功,因为我们只会采纳并实施其中的一种方案。因此,我们必须充分发挥创造力,想出五种不同的降落伞构造;我们还要让这些团队有足够的人手,并且要善于激励每一名员工全力以赴。我们要让他们知道:他们有四分之一的概率成为牺牲品。

这正是 EDL 小组总工程师韦恩·李的优势所在。韦恩是一名狂热的体育迷,他能够像教练那样激励运动员全力以赴,就算训练到呕吐也无怨无悔。他不太热衷于寻找技术难题的成因,但他的一大优点就是善于倾听别人的意见,而且每当别人发现真相并告诉他实情时,他总是能够从善如流。

在这种情况下,正是韦恩想到了使用风洞设施,这个点子非常关键。我们所说的风洞可不一般，它是世界上最大的风洞，位于加州圣何塞市（San Jose）美国宇航局艾姆斯研究中心的全尺寸风洞实验室（National Fullscale Aerodynamics Complex）。可问题在于，要在风洞中打开降落伞，首先得用射伞枪把它发射出去。我们都对韦恩说："他们是不会让我们在那个地方发射射伞枪的！"我们不知道的是，韦恩的继父曾担任宇航局艾姆斯研究中心主任。

在韦恩的安排下，我们将要花上整整一周时间，每天都在非常精确和可复制的环境中模拟降落伞下降过程。

我们把重新设计好的降落伞带到风洞中，将风速调到 120～150 英里/小时，然后用射伞枪发射降落伞。测试工况很完美，设施也堪称一流，但降落伞就没那么好了。从发射出去那刻起，有些降落伞就没有完全张开。相反，它们只是张开一部分，并且以一种奇怪的、类似于游泳的模式摆来摆去。在跳伞界的术语中，这种模式被称为"乌贼状态"，它是由降落伞设计不合理导致的罕见且令人讨厌的现象。三十多年来，我们一直在设计类似的降落伞，却从没遇到过这种情况。似乎降落伞患上了人格障碍症，它总是想方设法在跟我们作对。

风道的独特之处在于你可以在里面四处走动，近距离、全方位、长时间地观察被测试物体的各种现象。如果没有风洞的话，恐怕我们只有从天而降才能看到降落伞的表现。在检查那顶表现出"乌贼状态"的降落伞时，我和喷气推进实验室的同事、专门负责降落伞设计的工程师罗宾·布鲁诺不断地在降落伞顶孔附近徘徊，我们说："这个孔太大了。"

降落伞供应商的经理对我们说："一点也不大呀。"对此，他坚持自己的看法。我们想量一下孔径，但他坚决认为没必要这样做，因为他认为伞孔就应该那么大。

幸亏这家公司还请来了罗伊·福克斯（Roy Fox）。他是全球顶尖的跳伞运动员,也是跳伞界经验丰富的资深元老。由于他是该公司的顾问,而不是员工,所以他的立场比较中立。我请他帮我一个忙。

我们负责引开那名经理的注意力,由罗伊去测量孔径。结果他发现,伞顶的孔径确实是引发问题的罪魁祸首。

当我们要求工程师做一系列设计的时候,我们明显在降落伞尺寸方面犯了一个错误。从理论上来说,我们想让伞孔尺寸和伞盘尺寸之间保持一种稳定的关系。"火星探路者号"使用的是"海盗号"版本的降落伞,但它的伞带面积比"火星探测漫游者号"大一倍。我们要寻找介于"海盗号"和"探路者号"之间的解决方案,而生成这种折中配置的方式就是使用"海盗号"的构造,尺寸则向"探路者号"看齐。但随着伞带变得越来越宽,降落伞供应商把伞顶的孔径也加大了,使它的外形看起来像一个风向袋。

虽然我们在风道中发现了问题出在哪儿,但我们已经没时间纠正这个错误了。此时距离飞船发射只剩下不到一年时间,而且当我们在艾姆斯研究院的风道中苦苦寻找答案的时候,飞船的大多数部件已经被打包完毕,正在从加州装运到位于卡纳维拉尔角(Cape Canaveral)[①]的发射场。

我们一直在寻找最佳解决方案,一种能够让我们获得最大回报的方案,结果我们把时间用光了。所以,我现在不得不向理查德建议使用"海盗号"的降落伞构造。尽管它的稳定性差一点,但能在现有尺寸不变的情况下产生更大拉力。这让他想起我们在 6 个月前的一些对话细节:"当时你告诉我这个降落伞拉力不够大,我就知道你的看法并不完全正确……'海盗号'的降落伞是可以用的。"

---

① 卡纳维拉尔角所在地是举世闻名的航空海岸,附近有肯尼迪航天中心和卡纳维拉尔空军基地,美国的航天飞机都是从这两个地方发射升空的,所以卡纳维拉尔角成了它们的代名词。——编者注

但他并没有因为我的出尔反尔而指责我，他只是说："只要你们能做出一顶可以飞的降落伞就行。"于是乎，我们把手上尺寸最大的、与"火星探路者号"同款的降落伞塞进特大号射伞枪，再塞入特大号气动外壳，就这样交差了。

在探索太空的过程中，我们会遇到很多问题，其中一个最大的问题就是，我们没有机会从错误中汲取教训。一个飞船项目往往要花五年时间来筹备发射工作，然后再花两年时间检验项目是否成功，时间上的紧密衔接让人无法从失败中学习经验。等到一切真相大白的时候，曾经从事这个项目的人很可能已经大轮换了。假如我们跟一家承包商合作，这家承包商帮助我们节省了数百万美元，但他们的工作没有达到我们预期中的效果，此时我们很难知道他们失败的原因是什么，因为我们没有收集到合适的数据，他们留给我们的只有许多猜测。

从某种意义上讲，当我们每隔 5～10 年开发出一套一次性的飞船系统时，我们所做的事情跟创建一家现代高科技企业差不多。这个过程要花好几年时间，每次都要经历不同的事情，而且我们真的没什么机会去练习。

正因为如此，我们从一开始就要提出正确的问题，然后仔细聆听答案，这样才能向正确的方向迈进。

那么，什么才是正确的问题？它们长得什么样？问题的答案又是什么？

首先，正确的问题是那些重要的、具有深远意义的问题，也就是结构性问题。通常而言，正确的问题是制订各种不同解决方案的分水岭，或者能够明确地界定某种重大风险。

在"火星探路者号"项目中，为了让 EDL 系统能容纳一辆体积更大的火星车，最重要的问题就是："我们必须要做哪些事情，才能容纳这辆体积更大的火星车？"

我曾经不遗余力地向人们宣扬变革的必要性,但却没有真正地沉下心来聆听这个问题的完整答案。我得到了关于降落伞拉力的部分答案,但我就像"周六夜现场"(SNL)滑稽剧中的克里斯托弗·沃肯(Christopher Walken)那样,不断地要求"多一点牛铃声"①。我并没有完整、周全地听取问题的答案。

久而久之,我发现,妨碍我正确看待宇宙的事物大多源于我自己。兴奋、骄傲、对宇宙先入为主的观念都是阻碍我的因素,但最常见的障碍还是恐惧感。我害怕自己不够称职,害怕自己无法获得问题的答案,害怕自己让别人失望,害怕自己在别人眼中变得渺小或者被自己鄙视。所有这一切恐惧感都会妨碍我对事物的理解。我觉得,有这种感觉的人不止我一个。

当年我在马林学院小抄本上匆匆写下"凡事持怀疑态度"这句话时,我是在鼓励自己放轻松并克服恐惧感,从而近距离地审视和真正理解未决问题。在一种冷静和沉思的状态下,我可以找到那些学术问题的最佳答案。事实证明,这种状态也适用于解决工程、革新甚至是领导力和人事管理中存在的真正问题。

在开发"火星探测漫游者号"降落伞的过程中,我在一定程度上未能保持自己的怀疑态度。我帮助团队提出正确的问题,而且也得到了部分正确的答案(即:我们肯定需要更大拉力,因此我们要做一顶尺寸更大的降落伞)。可是,虽然担心拉力不够,我并没有提出"要多少拉力才足够"这个问题。

---

① "牛铃"是一种打击乐器。沃肯在剧中扮演一个狂爱"牛铃声"的音乐制作人,在为一支流行乐队录音时,乐队中有一个人专门敲打牛铃,但牛铃声明显与乐队演唱的歌曲格格不入。乐队中的其他人问沃肯是否发现有什么不妥,但沃肯没有倾听乐队成员的意见,只是一个劲地说:"牛铃声很不错,多来一点牛铃声。"这后来成为一句流行语。此处作者暗喻自己没有抓住问题的关键点。——译者注

经历这一切之后，在达拉的带领下，我设法帮助同事们在一种最佳状态下工作，让他们能够自由展现自身的激情和好奇心，并充分运用常识去做事情。

与格雷格每个月开一两次会相比，我每周都要和团队成员开两次会。我这样做的目的并不仅仅是为了找到问题的本质，还为了体验齐心协力做这件事的过程中所获得的乐趣。我觉得，我在团队会议中扮演着我的第一个物理老师——普拉塔博士的角色。他总是用充满感染力的欢欣之情鼓励我们以整体眼光看待事物并解开事实的真相；而当我和同事一起寻找问题之间的联系时，我也用这种欢欣之情鼓舞他们。人类的好奇心是一种强大的情感。我很幸运，我正在创造一个能让团队所有人的好奇心得以自由发挥的"乐园"，并且鼓励他们来到这个"乐园"和我一起"玩耍"。

事实上，我们要充分发挥自己的好奇心，并控制好我们的恐惧感；或者当我们想找到我们所寻找的东西时，我们要释放这种恐惧感。决策的方式似乎有两种，一种是在恐惧的基础上做决策，另一种是在好奇心的驱使下做决策。在前一种形式下，我们想尽快地得到答案，却没有真正地关注或关心答案的内容是什么；换句话说，悬而未决的问题让我们感到焦虑和恐惧，所以我们只想听到答案。而在后一种形式中，我们用人类的一种核心特征分解、审视和解决尚未解决的问题。根据我的经验，在好奇心驱使下做出的决策能产生更好的解决方案。

当我们在比较大型的组织中工作时，我们将学会如何向上管理、向下管理和平级管理。类似于喷气推进实验室这样的平台包含了多层级隶属关系，在这种环境中，我们要另辟蹊径，以一种更灵活的方式发挥影响力和集众人之力完成项目，这样的做事方式有百利而无一害。所以，我四处结识跟我有相同世界观的人。我就像一个政客，为了让自己的立法提案获得国会通过而实践着"诱惑的艺术"。

　　我发现，笼络人心最有效的方式就是在各个小组之间展开一场充满善意但激烈的批评和自我批评，从而找到一种对事不对人的问题解决思路。因此，组织这样一场追求真理而非追求自我或等级地位的辩论赛是非常重要的。

　　矛盾可以激发灵感，也可以引发冲突。为了实现激发灵感这一目标，我们还要让团队的每个人之间都保持密切联系。所以，我认为我的一部分职责就是做一个高科技行业的"夏令营辅导员"。

　　我成长于 20 世纪 70 年代的马林市。早年，我从我的父辈身上学到了保持豁达和接受新事物的心态，但现在我意识到我还需要在此基础上更进一步。我想发自内心地喜欢与我朝夕相处的同事们，不为别的，只因为这会让我的人生变得更有乐趣。

　　每一天，我都要和我的团队一起工作 8～12 个小时；按照五天工作制算，扣去睡眠时间，工作占了我们人生的大部分时间。所以，我开始尝试着寻找每个人身上的某一种可爱之处。有时候，我们无法喜欢上一个人身上的所有特质，但也许我们会喜欢他们戴着一项自行车头盔出现在我们面前时的那副傻兮兮的表情，或者喜欢他们把宠物猫的照片铺满工作间的方式，或者喜欢他们穿着一丝不苟的样子，或者喜欢他们用电子表格整理思路的做事方式，又或者喜欢他们天马行空的问题解决方案。说来也奇怪，我们迟早会遇到这样的人。

　　同样地，我们对某些人的不满也不一定是针对他本人，我们会尽量把不满局限在他们的行为上。因为在追求真理的路上，人们必须要表现出对彼此的喜爱和尊重；与此同时，我们还要对不喜爱和不尊重别人想法的行径表示不满。

　　在接下来的几年时间里，我将要主持一个被称为"EDL 午餐会"的活动。我们要从 EDL 小组中抽出 5～25 人，离开实验室，到南帕萨迪纳市（South Pasadena）一处名为"尼科尔斯"（Nicole's）的地方去。在那里，我们有时会讨论与业务相关的问题，但大多数时候我们还是想实行人性化管理，比如谈论一下我们喜欢的电影、哪家餐馆的菜式更好，或者探讨一下对我们孩子所就读学校的看法，又或者只是比较一下在YouTube上看到的稀奇古怪的视频。最后，我把一份标题为"与恩里克共进午餐"的邀请函放入EDL小组的工作日程表中，以确保团队成员们在午餐时间能够共叙友情。

"与恩里克共进午餐"是向物理学家恩里克·费米（Enrico Fermi）致敬的举动，因为他是培养这种家庭式情感的大师。关于恩里克，有这么一个故事：有一天，恩里克的团队即将实现世界上第一次持续性的核裂变反应。这次核裂变反应发生在海德公园（Hyde Park）芝加哥大学橄榄球场的地下实验室。他们要把三根控制棒拔出来，从而启动核裂变反应。从某种意义上说，恩里克的整个职业生涯都在为这一刻做准备。但是，就在这么重要的一天，正当技术员拔出第一根控制棒的时候，恩里克看了下时钟。"等一下，"他说，"午饭时间到了。"就这样，跟平时一样，他的团队一起围着一张大桌子吃饭，彼此分享家庭故事和他们生活中的点点滴滴。

我们都是社会动物，如果我们能够为彼此着想并享受彼此的陪伴，这样的工作环境更能发挥我们大脑的潜力。也只有在这样的安全环境下，我们每个人内心那追寻真理的小小声音才会大胆无畏地与彼此发生碰撞。

以达拉为榜样（但方式相对温和一些），我发明了一种理性与非理性相结合的方法，这种方法貌似接近疯狂的边缘。（或者这只是我用来为自身行为进行辩解的借口？）我曾经把这种疯狂视为"无知者无畏"或是哑剧演员和宫廷小丑的装疯卖傻行为。但如今回想起来，我有时把这种行为称为"关公面前舞大刀"，而它的疯狂之处就在于我不介意在追寻真理的过程中犯错，而且不怕被别人视为傻子。

大多数人通常害怕犯错，但犯错正是我年少时的偏好所在，例如从屋顶飞下来，或者在篱笆墙上行走，我根本不担心风险。如果我们在寻找正确事物的时候愿意犯错，并且在真正犯错的时候主动承认这一点，那我们身边的每一个人都会感到释然，并且可以毫无束缚地做同样的事情。

我记得，我曾在位于丹佛的洛克希德·马丁公司公开叫板我们的气动外壳承包商负责人里奇·洪德(Rich Hund)。当时，我们正在探讨隔热罩与后罩之间使用密封圈的可能性。我们坐在位于落基山脉山脚下的洛克希德·马丁公司的橄榄球场上，我跟他赌一罐啤酒，说他不能证明密封圈的结构必要性，也就是让密封圈作为负载路径的必要性。尽管我私下认为他的观点可能是正确的，但为了向所有人证明密封圈的必要性，我愿意站在这场辩论的错误一方。里奇让他手下先对这个问题进行深入分析，而我则在天黑之前把啤酒买好，在距离工厂不远的山上一个小镇的陈旧酒吧中等他。啤酒本身口感不错，但真正让我们觉得好喝的原因，是我们在一起喝酒时所体验到的同事之谊，还有我们因为相互了解而形成的宝贵财富。

追求真理的关键在于坚持信仰的同时不故步自封，不为了保全面子而抱残守缺。这跟佛教教义很像。我们不一定要超脱自我和出世，也可以与自我和俗世共存，却保持一定的客观距离。我们要让思想成为胜者，而不要在乎是否成为赢家；我们要寻找客观存在的真理，而不是证明自己总是对的。

但是，当我在领导岗位上继续成长时，我的思维方式经历了另一种转变，而这次转变又是受到达拉的启发。他经常以非工程手段来解决工程问题，而且他鼓励我也这样做。

工程师所受的大部分专业训练关注的不是解决问题的方式，而是对问题的定义。比如说，我会告诉达拉一个问题，并对这个问题进行充分定义,然后开始详细描述问题定义中,在某种程度上对我有利的、有可能获得达拉支持的各种事物。达拉对此毫不理会,因为他关心的不是这些。他已经听到太多传闻,知道我们真的遇到了棘手的问题,他已经在脑海中搜索解决方案了。我们对此已经习以为常,并最终欣然接受了这种方式。这要求我必须能够解决(或者说接受)一些貌似矛盾的东西。

"凡事持怀疑态度"意味着我们要倾听问题,直到最深层的真相浮出水面。然而,肯定有人会问:我们怎么知道浮出水面的是最深层的真相呢?

这个问题在工程技术方面表现得尤其突出。也许我们手上有来自17种渠道的测量数据,这些数据告诉我们无可辩驳的事实。但除了这17种渠道之外,我们也有可能通过另外5000种渠道测量数据。

在伊拉克战争期间,时任美国国防部长唐纳德·拉姆斯菲尔德(Donald Rumsfeld)把已知和未知事物分为四类,而他口中所说的"众所周知的事物"(known-knowns)指的就是无可辩驳的事实。他的这段话后来广为流传。在工程领域,我们也有许多这种众所周知的事情,比如重力加速度、氦原子中的质子数等。我们还有一些"已知的未知事物"(known-unknowns),也就是我们知道自己不了解这些事情,比如我们吃汉堡包时摄入的精确卡路里数量;或者举一个更符合本书主题的例子,我们计划登陆火星那天的风速和风向。拉姆斯菲尔德对事物的四种分类还包括"未知的已知事物"(unknown-knowns)和"未知的未知事物"(unknown-unknowns)。"未知的已知事物"是指我们认为自己知道但其实我们并不知道的事物,我把它视为一种自我欺骗行为。一个谨慎且坦诚的人会不断地自我反省并要求其他人监督其工作,从而在大多数情况下避免遇到"未知的已知事物"。最后一类事物,也就是"未知的未知事物",是指有些事物甚至不在你的认知范围之内。人的直觉就是产生这种事物和更广义模型的一种方式。直觉稍微利用了人身上的非理性思维,但我认为它主要还是融合了我们意识思维中大部分的理性思维。有时候，那种模型实在是太过宽泛了，我们无法清晰地把它表达出来；而有些时候，它又无法融入意识层面，它对我们而言只是一种"感觉"。

无论达拉的热情如何越界，他似乎总能立刻凭本能知道他想走的方向。他有着超强的信心，而经验表明，他的自信是有道理的。

大多数工程问题是易于理解的，它们都与数学有关，也就是所谓"众所周知的事物"；但是，工程判断还要依靠"内在的声音"，也就是我们坚信我们所知道的事物是真实存在的。然后，还有一种"第六感"，即我们对自己的直觉有信心，学会超越客观数据，相信自己的本能。这种第六感源自我们手上已有的数据，但自信也是不可排除的外延因素。正因为如此，第六感是善于解构和分析每一个论据的组成元素，却往往忽视了直觉的"理性简约主义者"的重要平衡物。在我们的意识当中，有部分意识会主动去了解"未知的未知事物"。

达拉给我们带来了直觉和本能，让理性分析变得完整。在这方面，他更像是一名艺术家，或者是古时候的部落酋长，因为他有时候会对我们循循善诱。达拉非常相信自己的第六感，并且善于在第六感的基础上大胆采取行动，其中一个例子就是让我负责登陆彗星的"商博良计划"。从本质上来说，达拉所精通的东西和他促使我掌握的东西就是潜意识和显意识的结合体。

我们今天遇到的很多难题通常是由疏忽引起的错误。科学一直都很善于抛弃我们虚构过的事物，例如"四种体液说"（Four Humors）、"天体音乐说"（Music of the Spheres）等理论，并给我们灌输一些我们无法理解的物理定律。因此，如果我们最近满足于自我陶醉，那通常是因为我们突然停止了对真理的追求，并把我们宇宙模型中的一小部分当作是整个宇宙。在工程学上，我们或许会忽略等式中的一个项，因为我们觉得这个项过于微小，无足轻重。更常见的情况是，为了节省成本，我们会从计划中删除一项测试或分析，因为我们觉得这样也能勉强过关。这种疏忽是有意为之的,尽管这种做法有时候会招致混乱的局面,但它从不像无心之失、缺乏想象力以及未经思考过的"未知的未知事物"那样危险,因为我们从来不会争论说我们不认识的事物是重要的。我们的第六感可能会下意识地将那些"未知的未知事物"以某种方式做成模型,以此证明我们不了解的未知事物是极有可能存在的。

我的一些团队成员过去常常开我玩笑,说我太过喜欢第六感。他们把第六感与史蒂芬·科尔伯特(Stephen Colbert)的"伪真相"进行比较。没错,有了"相信你的直觉"这个借口,人们可以为了图省事而不再寻找真相,因为它听上去很合理。当我们想把潜意识纳入决策过程时,这种自欺欺人的做法将是最大的威胁。

但潜意识也是非常非常强大的。在我们的人生经历中,我们每个人都会突然意识到某种解决方案的完美之处或某个点子的精妙之处。在产生那些认识的时候,我们的大脑并没有仔细做过"算术",也就是没有经过一步步的逻辑运算。我们之所以这样做,是因为我们已经在毫秒之间下意识地计算过了。

那么,我们如何才能在不自欺欺人的前提下约束好自己的第六感潜意识呢?

我们要与团队成员、外聘顾问和非首选审查员谈论和分享我们的想法,并将我们的第六感与他们的第六感进行对比。通过这个过程,我们可以不时地将潜意识想法挖掘出来,放在显意识之下"曝晒"。这个过程中允许出现大争论。

尽管如此,大争论并不一定能解决问题,因为有时候人们没有时间对所有可能性进行有意识的通盘考虑。有时候,在飞船向火星进发的过程中,我们只有几个小时的时间考虑是否要变更导航中心。在那种情形下,我们要审视自己,务必确保自己不是为了贪图便利而采取行动,然后再遵循我们的第六感行事。

第 7 章

暗　室

　　每当我们正在解决一个问题、发明某种新事物或者重塑某种旧事物的时候,团队时常会陷入困境当中,似乎找不到任何切实可行的解决方案。这是一个令人沮丧和可怕的过程,尤其是当一款产品的上市日期由天体力学决定的时候,这个日期就是不可更改的。我把这个阶段称为"暗室期"。

　　在"火星探测漫游者号"项目的 EDL 开发阶段,我们面对着必须改动降落伞的局面。对我们团队来说,这是个难以接受的现实,但我们还是接受了这个现实。可问题在于,我们要更改的不仅仅是降落伞。就算过了降落伞这道难关,我们仍然需要让火星车进一步减速,并引导它到达降落地点,而这正是制动火箭要做的事情。

　　"火星探路者号"的火箭是特制的。假如我们重新设计火箭的话,那么造价恐怕不菲。没人愿意听到这样的消息,但这是一个我们不得不面对的痛苦真相。只有重新设计火箭,我们才能把这些体积更大的火星车安全地送达火星地表。

　　"火星探路者号"的火箭直径为 5 英尺,长度为 3 英尺。为了容纳更重的荷载,我们要求位于马里兰州埃尔克顿市(Elkton)的供应商莫顿·帝亚科公司(Morton Thiacol)找到让火箭能产生三倍推力的方法。

后来，他们设计了一款直径为 10 英寸、长度为 2.5 英尺的火箭。

当军队从 C-130 运输机中投下体积庞大的坦克时，他们有时候会在坦克和降落伞之间使用一枚制动火箭；这样，在坦克快要接近地面那一刻，制动火箭会提供最后的制动力。他们在坦克下方约 30 英尺处悬挂了一个线锤，这个线锤会先接触地面，然后触发火箭点火，在坦克撞向地面之前抵消地心引力的冲击。

"火星探路者号"借用了这个创意，并使用了一个类似的系统，只不过它用雷达替代线锤点燃火箭。但雷达并不是百分之百精确的，尤其是当它被用来测量速度的时候。在地球上，坦克从运输机降落地面的速度是 25 英里/小时，我们需要把这个速度减到 5 英里/小时；相比之下，在火星上，飞船的降落速度是 150 英里/小时，速度如此之快，我们必须在火星车距离地面 0.25 英里的高度点燃火箭。这不仅让火星着陆任务变得更加困难，还在更大程度上增加了着陆的不确定性。

然而这还不算是最糟糕的事情。在火星上，当飞船以接近 150 英里/小时的速度冲向地面时，大风会让降落伞像钟摆一样左摇右摆；而当降落伞下方用一根 20 米长的缆绳悬挂着一辆火星车时，降落伞就会摇摆得更厉害。在横向波动如此剧烈的情况下，我们的目标也许是减缓垂直下降的速度，而在此时点燃火箭，就会大幅增加水平偏移的速度。最终结果就是气囊倾斜着猛烈撞击地面，导致其被撞成碎片。

米盖尔想到了一个主意：假如我们要在降落伞横向摆动的时候点燃主火箭，那就另外加几枚火箭来控制降落伞的平衡。米盖尔设想的这个系统还在火星车原有的一排摄像头中加入了一颗备用摄像头，用来协助确定降落伞横向移动的速度。这颗摄像头可以向下转动，监控地面陨石坑等物体的明显位移，拍摄大量图像，然后把数据传输到机载计算机上，从而计算出降落伞的速度，然后决定何时以及如何使用定向火箭。我的任务是将米盖尔的机械工程设想变成现实，也就是研制那些定向火箭,并想办法将它们放入降落伞后盖中。我以前的学生本·托马斯和身形瘦小的阿伦·费什曼开始夜以继日地开发该系统。

机器视觉算法需要采集三张地面图像,寻找图像中可追踪的物体,从而计算出降落伞的对地速度。开发这些算法的工作就落在安德鲁·约翰逊(Andrew Johnson)肩上。他的算法可以观察图像、寻找并识别目标(陨石坑、山脉等),并在下一张图像中发现类似目标,然后在两张图片之间进行修正,把它们放在同一个参照系中,比较它们的偏移量,从而计算出对地速度。这些对比系统被称为"横向动量火箭系统"(简称 TIRS)和"下降成像运动评定系统"(简称 DIMES)。

由于我只是韦恩·李团队中的一员,我的职责是协助他推动和整合 EDL 小组的各方面事情,而不仅仅是负责我在机械工程领域的工作,因此,我要与其他团队进行更广泛的讨论;在这个过程中,我经常向其他团队传递米盖尔的想法。

米盖尔和我经常抽丝剥茧地探寻问题的本质,例如:解决方案的关键因素是什么? 在我们所面对的具体问题中,哪一部分最重要?

我在加州理工学院的导师名叫罗恩·斯科特(Ron Scott),他是一个非常优秀的苏格兰人。他过去常说:"人的大脑就像香肠的肠衣,它的容纳能力有限;如果你硬塞进太多东西,有些重要的事情就会被挤出来,比如你女儿的生日。"

米盖尔和我都喜欢探寻事物的本质,这需要减少那些让我们分心的事物。因此,我们往往喜欢同样的解决方案,害怕同样的问题,看待事物的思路也相差无几。我总是喜欢跟别人谈论米盖尔的解决方案,因为他的想法总是很优雅、简单且切中要害。

我的工作就是为 EDL 小组整合机械工程资源,而我喜欢从系统层面思考问题。这正是我在一些系统级别会议上谈论 TIRS 和 DIMES 的原因,也是我在这个丰富的知识领域乐不思蜀的原因。跨系统管理就像是我在年少时翻越自家篱笆，跑到邻居家的草地上玩耍。

第二天，我和米盖尔在街上散步，我把我们在会议上谈论的内容告诉了他。他停下脚步，似乎想把心里话说出来。他对我说："亚当，我应该参与那些讨论的。"

这句话言简意赅，说得很在理，但让我有点措手不及，并且让我产生了内疚感。

我对他说："你说得对。"不过，我是以一种漫不经心的语气说这话的，其实潜台词就是："我希望他们能够亲自问你这个问题，但由于你没有参加会议，我只能把你的主意告诉他们。"

他说："不，如果我不参与讨论，我就无法完成自己的工作。"

他曾经不遗余力地去解决这个问题，或许我沉浸在用他的解决方案借花献佛的快乐中，但我不是米盖尔。如果把那场会议比作篱笆另一边邻居家的草地的话，他需要和我一起出现在那片草地上。我在自己的狂热中"越界"了，夺走了朋友的风头。我在那个大场面中太过得意忘形，而且有点越俎代庖，变成了解决具体问题的人，却忘了自己与最亲密同事之间的情谊。我这样做是在妨碍他成长，阻止他为设计工作发挥全部潜能。

从这件事上面，我学到的教训就是自我克制和谦恭。对我而言，这不是一件容易做到的事情，直到今天，我仍然在努力做这件事。

有时候，工作能带给我无比的快乐。和许多人一样，当我的最大优势过度集中时，这些优势就变成了我的最大劣势；或许这是我们所有人的通病。过度自我也许是件好事，但如果这种自我容不下其他人的话，那就不是什么好事了。

我们之所以发明 TIRS 和 DIMES，是为了防止气囊不在撞击中受损。在使用降落伞和火箭之后，这两个系统将成为我们最终的减速装置。正如"火星探测漫游者号"的其他每个部件一样，我们最初的计划是使用"火星探路者号"的原有设计。

那些对"火星探路者号"气囊了如指掌的人说,原有的设计能够应对额外的重量。但是,记忆过于仁慈了,在我们眼里,记忆中的事情总是比实际中的更加美好。

我们需要亲自做测试。遗憾的是,我们在"火星探路者号"项目中使用的气囊不是现货产品,甚至连气囊上的织物都是订制的,所以,光是筹措原材料就要花6～9个月时间。不过幸运的是,在1997年"火星探路者号"登陆火星后不久,我们把一些备用气囊捐赠给了史密森国家航空航天博物馆(Smithsonian National Air and Space Museum)。在这三年当中,博物馆要么将这些气囊用于展览,要么把它们束之高阁。我们打电话给他们,大概是这样跟他们说的:"我们能把我们的气囊拿回来吗?"好在他们愿意把气囊从仓库中拖出来让我们进行测试。

在着陆器登陆火星的过程中,气囊的职责就是以20～40英里/小时的速度撞击火星地表,然后反弹10～20次,减缓冲击力,并保护里面的着陆器,而最重要的是保护着陆器不被刺破。但是,由于气囊是在绝对气压而非仪表压力下工作的,而且火星大气量比地球大气量少1%,因此,假如要测试气囊的话,我们就要在接近真空的环境中进行测试。但是,由于每个气囊的大小和一间小会议室差不多,所以我们还得找一间非常大的真空实验室。

我们把气囊带到空间动力实验室(Space Power Facility)。该实验室是世界上最大的真空实验设施,隶属于俄亥俄州桑达斯基市(Sandusky)附近的格伦研究中心(Glen Research Center)的梅溪工作站(Plumbrook Station)。该实验室始建于20世纪60年代,高20英尺、直径达100英尺。它被精心悬挂在一处核反应堆控制设施内,用来测试未来建在月球上的核电站。它的墙体由6英尺厚的混凝土制成,中间填塞了1英尺厚的钢铁。即使对于最疯狂的科学家,这个设施也能满足他们的测试要求。

在冬季的某一天，我和达拉开车穿越 6400 英亩荒野之地，所经道路白茫茫一片，看不到任何路标。天黑之后，我们终于到达了实验室。

在"火星探路者号"项目中负责研制气囊的专家汤姆·里维利尼（Tom Revillini）已经在那里等候我们到来，米盖尔也在那里等着。米盖尔不是机械工程师，但在喷气推进实验室的开放式文化中，我们很欢迎能够带来不同思维的跨行业人才，而米盖尔正是这样的人。对他来说，这些测试是非常精彩的，可不能错过观看的机会。

在这个巨大且空旷的空间里，我们到处布置了摄像头，可以捕捉到实时发生的状况。当初在研发"火星探路者号"气囊的时候，为了模拟加速环境，里维利尼发明了一个巨大的弹弓式装置，能够把气囊射向一堆附着在一个斜坡上的岩石，而这个斜坡的倾斜角度是可以任意调整的。我们重建了这个测试环境，尽量布置了大量岩石，用它们来模拟火星上的岩石。

我们把"火星探路者号"项目的备用气囊运到实验室，然后开始做实验。当第一批气囊以每小时 30 英里的速度射向岩石时，我们在慢动作视频中看到气囊裂开了许多大口子，这些缺口大到人可以从中间走过去。这样可不行。

然后，我们又从史密森博物馆取回了另一组仅剩的气囊，把它们弹射到岩石上，结果还是裂开了。

"它们被闲置得太久了，而且可能是在荧光灯照明下储藏的，"里维利尼和达拉说，"材质可能已经老化了。"

但这样的答案是不是太过简单？我在想，当时他们的脑海中或许出现了一种美好（但不准确）的想法，他们想起这些气囊在"火星探路者号"项目中的优异表现，甚至想到它们曾经受到严格的测试。

我们不断改进气囊设计，并进行了一些试验，但结果仍然令我们费解。有一块后来被我们称为"黑岩"的岩石尤其让我们百思不得其解，它简直就是我们难以逾越的障碍。这块岩石表面非常光滑，毫不起眼，形状像牛肝，顶部稍微隆起，看上去破坏力没那么大。它没有损坏气囊的保护层，却直接戳进气囊内部，导致里面的气泡破裂。我们做了个"黑岩"的模具，这样我们就能复制这块岩石，并将它放在斜坡的其他地方，接受气囊的猛烈撞击。通过这些测试，我们意识到，假如当年"火星探路者号"在登陆火星时遇到"黑岩"或其他类似岩石的话，这个项目就会流产。所以说，也许我们当初的运气比较好，但在"火星探测漫游者号"这个项目上，我们不能也不会依赖运气。

气囊的内表面有一层硅胶涂层，它的作用是防止气体外泄，而那个被称为"气泡"的保护层承受着内部气压的张力。在气泡层外部，裹着四层轻薄透明的"维特兰"（Vectran）高强度纤维（即"凯芙拉"合成纤维的表亲），它能够承受大部分的撞击。在某些方面，这个气囊就像是新式的无内胎车胎。它的高强度纤维可以提供抓地力并防止气囊磨损，但纤维里面的带状原材料才是用来保持气压的。在实验过程中，气囊的所有保护层都被刺破了，所以我们尝试使用六层防磨层，但即便这样，它还是被撞烂了。然后，我们又尝试各种厚度的防磨层，最终还是被撞成碎片。这块神秘的"黑岩"总是能戳烂气泡，却不太会损坏防磨层；它像变魔术似的穿过防磨层，然后把气泡戳破。

在每一次发明创造或创新的过程中，总有那么一刻，你不但会感觉到失落，甚至不知道前进的方向在哪儿。花时间待在"暗室"里是件很可怕的事情，但你又很难找到出路。我们必须保持冷静，保持怀疑的态度，探讨问题所在，并不断地思考问题的解决方案；但与此同时，我们要避免思维停滞所引发的慌乱，因为这种慌乱是很难被及时发现的。在研发降落伞的那段时间里，我们就遭遇了"暗室期"，而我们唯一的出路就是坚持。我们应该采用什么样的解决方案，才能让气泡不被戳破呢？

我们怎样才能安然度过"黑岩"这一难关呢？

在差不多一年的黑暗摸索之后，我们终于发现了一丝曙光、一个灵光乍现的想法、一条摆脱困境的出路。这是一个相当不可思议的解决方案，不过它也算不上什么新鲜的概念。自从第一个自行车充气轮胎（即内胎）在 19 世纪发明以来，这个概念就一直存在着。我们要在气泡内部再加上一层气泡，但这层气泡不承受任何张力。这层气泡的作用就是把气体留在里面，这样它就更能缓解冲力，而这些未承受应力的纤维弹性要强得多。此前的气泡层仍然保留了下来，用来吸收外部应力，因此它会绷得很紧。我们还是像以前那样建造外部保护层，如果它们撞上岩石的话，它们会被撞坏，但里面的设备会安然无恙。在撞击过程中，最里面的气泡不会破裂，只是移动位置，稍微凸出来一点，但会把珍贵的气体留在里面。只要气囊不在同一个地方连续遭受两次撞击，只要它不被雷电击中两次，它就不会有事。

即使这个问题解决后，"火星探测漫游者号"项目的大起大落仍然没有结束。我们又面临着一个关于安全着陆的问题，这个问题也让我们在"暗室"里徘徊了很久很久。

在降落伞下降的过程中，在气囊充气之前，我们要放下后盖下方的着陆器。这样做的目的是让气囊远离即将点燃的火箭，并且让整个系统在火箭启动前保持稳定。为了确保下降过程中不出问题，我们要控制好缆绳的下降速度。

在"火星探路者号"上，我们使用了一种下降限速器。这款限速器是根据波音 747 飞机的飞行员逃生机制开发的，它看上去就像一根伸缩式狗链，只不过它是一条绕着卷轴的不锈钢带，而不是尼龙绳。波音 747 还有一个更牢固的向心式制动器，飞行员可以迅速打开驾驶舱窗户，把减速带固定在驾驶舱，然后沿着绳索滑降到降落点上。

而在"火星探测漫游者号"中，为了让后盖下方的着陆器减速，我们尝试使用现成的限速器，但"火星探测漫游者号"着陆器比"火星探路者号"着陆器重得多（重 400 磅），导致不锈钢带经常断裂。为了找到解决方案，我们经历了一个让人歇斯底里的过程。

当一个人处于"暗室期"的时候，最难熬的一件事就是不知道现在是黎明前的黑暗还是真正黑暗的开始，他的压力荷尔蒙开始泛滥。所以说，我们不缺乏坚持下去的动力，关键是别让我们产生绝望感。

如今，我常常通过与团队分享我以前多次身处"暗室期"的经验来为他们撑腰；而且我现在总是能找到解决问题的办法，但在那个时候，我的确是很害怕的。我记得我曾对一位朋友说："如果我们不解决这个问题，那就上不了火星了！"

汤姆·里维利尼曾对我说过一句谚语："懦夫有一千种死法。"这句话可谓意味深长。如果事情还没发展到无法挽回的地步，那么，在最坏的状况到来之前，我们还有大量的时间面对它。所以说，我们没必要急匆匆地认为事情已经达到最坏的程度了。我现在会告诉我的团队成员："我们只要努力工作就好，如果死神降临到我们身边，我们也要把它当作一场惊喜。"只要有意志和创造力，办法总是比问题多。

实际上，在我们完全放弃之前，留在那个"暗室"里是有好处的。这里所说的"放弃"并不是说放弃项目，而是抛弃自负的心态；也就是说，我们不再强行使用现有的解决方法。那才是项目取得重大突破的时候。当我们身处那个中立地带且不再苦苦挣扎的时候，当我们最终带着一种谦卑的态度去思考自己是否有资格做工程师的时候，潜意识就会悄悄地发挥作用。然后，新的解决方案就会自动出现，而我们此时已经完全排除了内心杂念，剔除了之前所有的想法，以虚怀若谷的心态完全接受它。这是代表着显意识的工程判断能力和代表着潜意识的"第六感"的完美结合。

为了研究走出"暗室"的方法，我曾经做过各种复杂的应力分析，希望找到下降限速器钢带断裂的原因。而汤姆·里维利尼却用一种异乎寻常的方式帮助我们走出困境。我尝试过借助被不锈钢带缠绕着的向心式制动器找出打开该设备、保持钢带不断裂的方法。"别老是惦记着钢带和卷轴，"汤姆说，"直接用制动器和其他东西带动吊绳。"

他建议放弃钢带，转而使用"凯芙拉"合成纤维吊绳，并用一个类似于绞盘的装置替代卷轴。按照这个方法，绳索完全不会留在卷轴上，而是像帆船的调帆索那样不时地缠绕在绞盘上，而绞盘被连接到一个制动器上面，这样下降速度就不会改变。乍看起来，这个方案更复杂一些，实用性也不太高（我们喜欢钢带在卷轴上卷动时不断变化的速度，就像在玩悠悠球一样），但它起作用了，而且运行得很好。

我们从"暗室"中走了出来，并取得了巨大成功：我们的系统完成了。我们的降落伞问题解决了，我们的气囊和火箭已经准备停当；现在，我们又把下降限速器的问题解决了。

到了2003年年初，所有部件已经建造完毕。我们把它们组装起来进行测试，然后再拆解并运送到卡纳维拉尔角，在那里又把它们重新组装和再次进行调试。

这项工作包含了四个阶段，即组装（Assembly）、测试（Test）、发射（Launch）和运行（Operations），而负责这四个阶段的团队简称ATLO小组。在各部件被运到卡纳维拉尔角之后，机械工程师要么加入ATLO小组，要么去从事另外的项目。我的特长更偏向于结构设计，而这是系统层面的技能，所以我选择从事另一个名为"火星科学实验室"的新项目。在这个项目中，我要面对一种截然不同的挑战，即带领团队设计和建造一款让"勇气号"和"机遇号"相形见绌的新型火星车。如果说"火星探测漫游者号"让我从达拉、韦恩和理查德等良师益友身上学会了如何带领团队的话，"火星科学实验室"项目则是给了我一个机会，让我能够把那些经验用于更大范围，并看看我能用这些经验做些什么。

与此同时,作为"火星探测漫游者号"项目的两辆火星车之一,"勇气号"火星车将在 2003 年 6 月 10 日发射升空,而这天刚好是我的 40 岁生日;"机遇号"则在一个月后发射。韦恩劝我们所有人都去见证这次大事件,他还给我们准备了奖章,不过我们得自己出路费前往佛罗里达州。

在我生日这天,我带着露丝安和卡列多尼亚站在卡纳维拉尔角杰迪公园(Jetty Park)码头上观看火箭发射升空。我觉得这一幕如此的扣人心弦,所以多年以后,当我们发射"好奇号"的时候,我花钱请我们团队中一位正在欧洲出差的同事回国,这样她就能和团队其他人一起庆祝火箭升空。

"勇气号"飞船发射升空 7 个月后,它就能与火星亲密接触了,而我们也要看看我们的辛苦工作是否能得到回报。

在飞船登陆火星那晚,韦恩请回来几名同事参与这个项目。我们要发射两艘飞船,因此,无论第一艘飞船成功着陆火星(或着陆失败)能带来什么样的经验,我们都要积累下来,从而增加第二艘飞船着陆成功的可能性。

当"勇气号"在 2004 年 1 月 3 日登陆火星的时候,整个 EDL 小组拿着笔记本电脑,在一个被我们称为"作战室"的巨大区域内坐成一排。我们周围被显示数据的屏幕所围绕。每当我们成功完成 EDL 过程的一个标准动作,人群都会爆发出欢呼声。例如,降落伞刚一打开,人群就开始欢呼;隔热罩分离成功,人群又开始欢呼……依此类推。我必须承认,这是一种梦幻般的感觉。我很紧张,但也很理智。在经过这么长时间的期待之后,这个重大时刻怎么就这样来临了呢?

在"勇气号"成功着陆那一刻,整个"作战室"顿时沸腾了;有些人甚至开始偷偷喝起了威士忌和香槟,兴奋之情难以言表。韦恩·李像球队教练那样发表了一次精彩的演讲。"没有谁可以掩盖你们的功劳,"

他说,"你们做出了不可思议的贡献——我们已经在史书上留下了浓重的一笔,你们应该感到无比自豪。"

这是美好的一晚。

但在"作战室",EDL 小组的大多数人都躲在公众视线和媒体宣传之外。我们的同事一个接一个地来到冯·卡门访客中心(Von Karman Visitor Center)参加新闻发布会,却一个接一个地被拒之门外,因为里面实在是太拥挤了。这场盛会是为新闻界准备的,我们只能转身离开,没有机会通过新闻发布会宣泄情感。

几小时后,"勇气号"将开始发回首批火星地貌彩色照片。当我看着那些由红色沙漠和玄武岩石构成的连绵起伏的地形时,突然产生了些许失落感。我们以前就看到过这样的景色,在 30 年前,"海盗号"火星探测器就曾给我们发回类似的图像。

即便如此,我仍然有太多工作要做,根本没有时间松懈。在我们的两枚火箭向火星进发的 8 个月时间里,我完全投入到了"火星科学实验室"火星车的建造工作中,但紧接着,韦恩邀请我重新加入"火星探测漫游者号"团队,负责该项目的"着陆操作"。这是一个奇怪的术语,因为在 EDL 过程中,飞船是自主飞行的,但我们需要人手随时监控和解读飞船传输过来的数据。更重要的一点就是,这个项目的两辆火星车相隔三周登上火星车。从理论上来说,由于我们有两套完全相同的着陆系统,所以我们制订了一个计划,准备对来自"勇气号"着陆过程中的数据进行快速分析,弄清楚它是否按我们预想的方式运行了,或者是否存在一些异常状况,让我们可以在"机遇号"上进行调整。

我们要解决这样一个问题,即:我们应该以哪种频率以及在什么情况下使用米盖尔的 TIRES 来控制箭载飞船?

韦恩已经邀请整个团队在"优化会议"上权衡这个问题。在这些会议上,我们要模拟分析各种情况,看看哪些引导行动会解决哪些问题。

会议室里大概有 12 个人，有 4～5 个选项，每个人都进行投票表决，但这并不是一次民主表决，韦恩拥有最终决定权，而他的决断力对团队来说简直是天赐的礼物。我们都需要具有将帅气质的决策者，而韦恩教会我如何做到"一锤定音"。这让团队成员要么很喜爱这位上司，要么很讨厌他，但无论怎样，他们都不用为不受欢迎的决策相互指责。

由于带宽的限制，"勇气号"登陆火星的数据没有同时发回。我们先得到第四个数据点，然后再获得其他数据点，并最终获得完整的、不同的数据片段。因此，光是把这些信息整合成清晰有用的资料，就需要一个缓慢滚动的繁琐过程。

鲍勃·米切尔特里（Bob Mitchletree）和我负责监测"勇气号"EDL 阶段的降落伞下降过程，包括监控着陆器、缆绳和下降限速器的性能，以及监测着陆器降落到缆绳末端时用来调节着陆器的绞盘和制动装置。我们预测着陆器的下降时间在 9 秒到 11 秒之间。当我们看到离开其他数据点的第一个数据集时，我们在 11 秒看到仪表屏幕上出现一个极微小的闪光亮点，它造成了图标的小小起伏。我们原本以为，当缆绳张力大到让火星车无法继续下降时，屏幕上才会出现这样的小亮点（我们把这种情况称为"抓取力"），但这个亮点实在是太小了，看上去就像是一条小小的噪点曲线。正当我们认为这个时候会出现亮点时，它就出现了，所以我们没有太在意，但还是认为这事有点诡异，因为此刻"抓取力"并不强。

两三天后，我们终于获得了完整的数据集（即没有间隙的完整数据点），结果让我们大吃一惊。我们看到图标上有 7 秒钟时间出现了明显的抓取力，这是我们看到过的最强的抓取力。从中可以看出，着陆器在降落到缆绳底部的时候，速度是越来越快的。我们有点被吓到了，但并没有表现出来，反而故作镇定，而这正是空间探索者所特有的以冷静面对恐惧感的方式。这种抓取力足以损坏硬件设备，还可能导致缆绳绷断。绳子这次并没有断，但三周之后，同一系统的着陆器还将有一次登陆计划。是时候再组建一支"老虎队"了。

我主导了这起事故的调查工作。由于时间紧迫，我获得上级批准，可以向喷气推进实验室或宇航局的任何人讨教解决方案。我们四处出差，用大约一周时间弄清楚第一次着陆到底发生了什么问题。简单地说，第一次着陆是否可能存在致命缺陷，从而让第二次着陆失败？

我们关注的是下降限速器及其离心制动器。以前，离心制动器依赖于一个复杂的有机刹车片，而该刹车片使用腰果壳油作为润滑剂。

在"火星探路者号"的筹备阶段，EDL 小组把几个制动器放在真空容器中，将容器空气抽出，使容器压力与火星气压相同，就这样存放几个月，以确定制动器长期暴露在太空环境（即真空和极端寒冷环境）中也不会受到影响。但在"火星探测漫游者号"项目中，我们从来没有对下降限速器做过类似研究。我们觉得没有必要这样做，因为向我们出售制动片的供应商保证它们与"火星探路者号"的制动片是一样的，而我们正在使用"火星探路者号"的数据，所以我们认为该制动片完全可以暴露在太空环境中，不会产生任何问题。但接下来我们发现，尽管供应商作出了保证，甚至这批制动片的零部件编号也与上一批相同，但这批制动片不再使用腰果壳油。因此，虽然有着供应商的保证，但这批制动片与用在"火星探路者号"上面的制动片是不一样的；换句话说，我们对这批制动片没有任何把握。

我们抽调了十几个人来解决这个问题，并把"火星探测漫游者号"着陆器的一个实体模型带到位于喷气推进实验室山上 25 英尺高的真空室。我们保持真空室全天运行，抽空里面的空气，并把它的温度降到火星大气温度水平，然后让着陆器一次次地下降。这个过程让我们能精确地模拟出着陆器在火星环境中的下降重量，但它的成本可不低，光是用来为真空室降温的液态氮就花掉了 65 万美元。

　　这一系列测试的总开支是 100 万美元，而且我对于腰果壳油的假设似乎就要变成现实了，可就在这时候，我的一位朋友兼导师、更资深的机械工程师吉姆·鲍曼(Jim Baughman)对我说："你为什么不做一次双盲测试来确认一下结果呢？"他的意思就是：在地球环境条件下再做一次制动测试，看看会发生什么事情。

　　我们早上 10 点开始双盲测试，并在下午 4 点结束测试，而我要在下午 6 点向彼得·泰辛格(Pete Theisinger)汇报情况。我用一大堆幻灯片详细描述了我们对腰果壳油的看法。事实上，我已经提前向几个人介绍了这个情况，他们都赞同我那令人信服且毋庸置疑的观点。但是，就在我准备向包括项目经理、金特里·李和其他顾问委员在内的整个团队提出这一观点前 40 分钟左右，双盲测试的结果出来了，它证明我的数据是错误的。这次结果与在地球环境下的测试结果是一样的，这完全削弱了腰果壳油假设中非真空环境下的空间效应。当我在大会议室里用电视屏幕和投影仪向众人播放并讲解幻灯片的时候，大家却得到了相反的数据，这真是件令人羞愧的事情。

　　彼得问我："那么，亚当，我该怎么做？我该得出什么结论？"我已经无语了，这下算是撞上南墙了。我的模型是错的，而且此前没有制订备选方案。我决定对彼得说实话。

　　"彼得，"我对他说，"我不知道。我真的不知道该告诉你怎么做，但我觉得我们应该尝试调整 EDL 过程，在降落伞上多花点时间，因为无论发生什么事情，充裕的时间总是有帮助的。"

　　我这番话的意思是，在"机遇号"着陆的时候，我们应该早点使用降落伞，这会给火星车更多减速度；也就是说，火星车会以更低的重力沿着缆绳下降，并产生更少抓取力。但是，提前打开降落伞意味着降落伞是在较高速度打开的，这会增加降落伞的应力，无疑又给我们增添了一个问题。

彼得请韦恩和飞行系统工程师罗布·曼宁考虑一下我的建议，他们都表示赞同。于是，我们花了三天时间，废寝忘食地研究降落伞能提前多久打开。

美国宇航局主管科学项目理事会的副局长艾德·维勒（Ed Weiler）当时正在喷气推进实验室吃午饭，我紧张兮兮地向他汇报了这个想法，并说明了使用这个方法的理由。在项目将近收尾阶段做这样的改变可是件非同小可的事情，因此就连高层领导也很关注这件事。

我又一次面临这样的局面：用数学和物理定律计算出来的客观数据与我们的疑问之间仿佛有一道不可逾越的鸿沟。这些数据都是无比精确的，但它们仅仅是我们用来创建模型的工具而已，所以，当这个模型失效时，我们不能怪这些工具不好用。在这种情况下，唯一的出路就是运用人类所特有的工程判断力，或者借助第六感和采取所谓的"风险调整"活动，这就是 EDL 工作的精髓。

EDL 阶段可能是航天任务中最冒险的一个阶段，因此，掌控和降低风险是这个阶段取得成功的关键。随着工程研发技术的发展，风险调整意味着我们要寻找风险集中的区域，再想办法减少该区域的挑战和风险。通常来说，风险调整大多数发生在工程研发阶段，但是，如果我们在飞船已经上天的情况下发现了一个问题，我们就要尽量运用我们对相互关联的高风险事物不断演变的认识，并尝试着在各种关联性之间保持平衡。

最终，我们将启动降落伞的动态气压从 830 帕提高到 835 帕（即打开降落伞的表观风压），这也许可以使降落伞的减速过程增加 10 秒钟，从而减轻缆绳的负荷。

随着 1 月 24 日这一时间点的迫近，我感觉自从三周前"勇气号"登陆火星以来，我就一直过着两到三种不同的人生。在 EDL"作战室"主控台上准备好接收数据流的时候，我们正襟危坐，心都提到了嗓子眼上。我们曾经对"勇气号"的着陆充满信心，但在过去的三周里，我们的信心在不断削弱，"勇气号"成功着陆火星的概率仍然不足 50%。对于下一次着陆能否成功，我们完全没有信心。

当飞船完成每一个阶段动作的时候，所有人爆发出欢呼声。然后我们再次屏住呼吸，等待着来自飞船的信号。我们希望它告诉我们悬念已经结束，或者根本不发回任何信号，这样我们就知道刚才发生了灾难性的事故。

听到信号的那一刻，我们简直如释重负，一切运行良好！我们欢呼了起来，给每个人都倒上了一杯波旁威士忌酒。这是我们在三周时间内的第二次胜利！这足以让我们庆祝很长一段时间，或许还可以睡上一晚好觉。我们再也不需要为其他着陆任务做准备了。我们成功了！

当我们看到火星车从第二个着陆点梅里迪亚尼平原发送过来的照片时，我们简直欣喜若狂。在这些照片中，蓝色的地表夹杂着白色的露头岩，这幅景象是如此截然不同。这与"海盗号"照片中的火星景色完全不一样，它是全新的景色。这就是科学探索！这就是探险！

我花了点时间去细细品味这些崭新的火星景色以及这些年来与团队培养出来的美妙感觉。我回想起我们在爱达荷州测试降落伞时喝掉的波旁威士忌酒，想起我们在那些清晨一起沿着山路跑步醒脑；我还回想起那次与达拉、汤姆和米盖尔冒着暴风雪到俄亥俄州出差。我们EDL 小组欠韦恩很多人情。在团队建设方面，他堪称一名出色的导师。韦恩天生善于倾听别人的意见和领导团队，他把每个人都提升到与他相同的水平，让团队没有等级之分。

"机遇号"成功着陆那晚，在觥筹交错之间，有些人提议去冯·卡门中心参加"官方"庆祝活动，也就是为媒体和政要举办的新闻发布会。我觉得我们这次要好好策划一下，尽情享受这次胜利。我不能再让我那些腼腆且不爱出风头的同事被别人从新闻发布会赶回来。于是，当我们在"作战室"里又喝了几杯酒之后，我一把夺过麦克风，要求大家不要离开："我们再喝几杯，然后一起去参加新闻发布会。"

在运行大楼外集合的过程中，我有点被集中在一起的团队规模吓呆了。我们开始向大礼堂进发，大家边走边喊："EDL、EDL……"

喷气推进实验室的两名警卫站在新闻发布中心的入口。他们先是听到了我们的喊声，然后看到我们向发布中心涌来，于是紧守门口，双手紧扣，对我们说："我们不能让你们进去。职责所在，我们只是照规矩办事。"

我转身看着我的同事们，我看到他们脸上洋溢着自豪、兴奋和期望，他们当中包括已经喝高了的米盖尔、韦恩·李、汤姆·里维利尼以及来自兰利和艾姆斯研究中心的团队成员。我们刚刚完成了几乎不可能完成的任务，在三周内两次成功登陆火星——要知道，到目前为止，我们三分之二的火星着陆计划都是以失败告终的。他们怎么能不让我们进去呢？想到这里，我转过身对警卫说："对不起。"然后，我轻轻抓住他们的手腕，拖着他们离开门口，所有人都跟在我后面涌入新闻发布厅。

为了便于摄像，里面搭建了一个舞台和讲台。我一心想让所有人都进入房间，但随着我们越来越多人涌进来，唯一能容纳我们的地方就是通往舞台和讲台方向的过道。因此，我带领着大家往那个方向走去，此时所有人仍然在照相机快门的一连串"咔嚓"声中高呼着："EDL！"

现在，我们已经处在众目睽睽之下，谁都没有后退一步。我们雄赳赳气昂昂地行进着，仿佛要走上舞台似的，但我们没打算这样做。实际上，我们根本没有任何计划，但现在舞台似乎才是唯一能容纳我们的地方。于是，我顺着过道一直走过去，穿过舞台前方，与所有官员举手击掌庆祝。我们首先跟美国宇航局副局长艾德·维勒庆祝。他弯下腰，和我互拍了一下手掌。我对他说："请原谅我们的冒失，我们实在是太高兴了。"接下来,后面的人开始自发地排成一排,像跳康加舞一样兴高采烈地庆祝起来,最后只剩下我尴尬地站在阿尔·戈尔(Al Gore)旁边,而他则尴尬地退到了舞台后面。

这次"攻占冯·卡门中心事件"在喷气推进实验室内部已经成为一个小小的传奇故事。尽管这件事完全是偶然发生的,但多年以后,人们想必会来到我面前,激动地感谢我带领大家做这件事。

喧嚣过后,我仍然站在新闻发布中心的后面,我看到了达拉。

他也看到我了,他走过来对我说:"你做得很好。"

我说:"我不知道刚才发生了什么事情,但我知道我要谢谢你。这次火星之旅实在是太不可思议了。你给了我一次绝好的机会,达拉,我真的很感谢你。我期待从你这里学到更多东西。"

他说:"亚当,我们的合作已经结束,你出师了。"

但是,他对我的信任还为时过早,我还有很长一段路要走。

第 8 章

最不可能被否决的方案

　　当我在"火星探测漫游者号"项目上的前期工作即将结束时,我在喷气推进实验室的声望已经相当高了。上级要求我为"火星科学实验室"着陆小组提供咨询,但我的同事杰夫·安姆兰德(Jeff Umland)当时已经在负责 EDL 小组,他的能力足以胜任这份工作。尽管如此,我还是想做一些完全不同的事情,我想负责火星地面探测任务。

　　"火星科学实验室"将采用一款新型火星车,这个庞然大物后来被命名为"好奇号"。负责该项目的设计工作将意味着要把所有子系统的工程师整合在一起,与韦恩·李在"火星探测漫游者号"EDL 小组中的角色相比,这个角色在管理上前进了一大步。

　　于是,我打电话给"火星科学实验室"项目飞行系统经理戴夫·温纳(Dave Woerner)。我大概是这样问他的:"你怎么看?你想给我提供一份工作吗?"

　　喷气推进实验室允许员工竞聘更重要职位时进行"面试",这是实验室的一项传统。戴夫让我跟他面谈。

　　事后我才意识到,这是我的第一次"高管面谈",而这次面谈让我感到措手不及。我所申请的职位属于项目经理级别。在当时,我的职业生涯多多少少有点靠热点事件博取关注的感觉,而我从未获得过任何官方任命。现在,戴夫在问我一个需要具备高管意识才能回答的问题:"飞行系统管理和'火星探测漫游者号'项目管理之间存在什么关系?这种关系有哪些优点和缺点?"

据我所知,"火星探测漫游者号"的项目经理是彼得,而飞行系统经理是理查德。之前我从来没有真正用归纳思维思考过这两者之间的关系和优缺点,因此,我的回答并不十分令人信服和富有洞察力。我们闲聊了一会儿,他并不了解我的为人,而我也不知道如何才能假装成他想要的那种人。

面谈结束后,他微笑着握了下我的手,然后礼节性地说了些"有消息的话,我们会通知你的"之类的客套话。

不久以后,我偶然遇见了理查德·库克。理查德当时并没有对我明说,但他在言语中暗示:戴夫已经给理查德打电话询问我的情况,如果理查德没有异议的话,戴夫就会让我通过面试。

假如当初戴夫拒绝我的话,我现在也没有任何理由指责他。在很大程度上,这是我的又一次毛遂自荐。由于我对火星车几乎一无所知,而且对 EDL 系统以外的太空飞行综合系统知之甚少,我所申请的这份工作对我而言是相当吃力的;但是,理查德显然认为我适合这个职位。

戴夫从来没有和我合作过,对他而言,显然没有什么事情能让他看到我的潜力,但由于理查德的推荐,我还是得到了这份工作。

"火星科学实验室"项目的研发设想是由之前一些受挫的计划演变而来的。1999 年,当我们与"火星极地着陆者号"失去联系的时候,两个宏大的计划被提上了议事日程,但实验室仍然犹豫不决。其中一个计划就是"火星探测漫游者号",另一个计划则是在 2003 年发射一辆大型火星车,执行火星样本取回任务。根据原始方案,我们先用着陆器将火星车带到火星地表,而该着陆器上面携带的运载火箭将把火星土壤样本带回到火星轨道,然后我们发射第二枚运载火箭取回样本。

然而，"火星极地着陆者号"失踪后，我们的信心大为下滑，火星样本取回任务也暂时中止。作为替代方案，实验室开始筹划一个不太冒险的计划，该计划被称为"火星智能着陆器"（Mars Smart Lander），它关注的重点仅仅是大型火星车着陆时的一些技术问题。但是，我们很快就意识到，上级显然不会让我们花将近 10 亿美元来做一些规模宏大但只用来发展技术的任务。

然后，在 2003 年，"火星智能着陆器"项目被更名为"火星科学实验室"。这项被重新命名的计划依旧可以用于开发技术，但它现在要披上科学的外衣，给我们带来更多回报。我们还是要向火星发射一辆火星车。而与前辈相比，这辆火星车的体型要大得多，因为它还要携带一个分析实验室，用于分析火星岩石的地质化学元素。这种现场分析让我们有机会大幅加深对火星早期环境的理解，分析其是否具备生命存在的条件。这正是我在火星车设计过程中所面临的挑战。

在我加入这个项目的时候，火星车的结构设计已经完成了。我们打算使用行之有效的六轮火箭转向架机动系统，该系统已被我们成功运用在"索杰纳""勇气号"和"机遇号"等火星车上。但里面还是增加了很多新内容，这意味着我们再次处于学习曲线最陡峭的一端。

我吸收了我所能吸收的一切知识，包括计算机、故障防护、无线电系统、地表导航、桅杆安装摄像机等知识。我现在还记得，我当时参加过的一些早会。在那些会议上，我得专心聆听别人的对话；会议上会提到一整套我从未接触过的首字母缩写词，我却只能尽量猜测它们的含义。那感觉就像参加即兴演奏会，虽然我对曲子一窍不通，但也只能即兴发挥，假装我懂得音律。而每当我们重复某段歌词或副歌的时候，我就能更好地理解和熟悉歌曲的旋律。

但是，正当我从专攻 EDL 的机械工程师向火星车系统总体工程负责人转变之际，我犯了一个让我们损失惨重的错误。

　　尽管缺少达拉的直觉型天赋，但为了获取和处理地质样品以用于科学分析，火星车团队还是率先找到了这个问题的解决方案。该方案简称为 SA-SPaH，即"样本采集（Sample Acquisition）、样本准备（Sample Preparation）、样本处理（Sample Handling）"的缩写。SA-SPaH 的操作原理是钻取岩心样本，把岩心放在检测托盘上，然后用车载设备勘测托盘上的样品，以决定哪些物质值得进行深入研究。完成粗略检查后，我们将岩心打碎并磨成粉末，并将粉末状样品分发到车载分析仪器上。

　　这是一个我无法仔细评估的全新方案。我只是接受了当前的方案，而没有深挖其实质，更没有"凡事持怀疑态度"；同时，我也没有可靠的工程判断能力。在大量新概念和首字母缩写词的包围中，我感觉有点害怕，而且我觉得有必要证明我拥有带领团队的能力。我太急于知道问题的答案，也太急于向目标前进，因为我想让人们觉得我了解自己所从事的工作，还要让他们觉得理查德推荐我干这份工作是正确的选择。

　　在全力以赴却一无所获之后，我们意识到，根本没必要采集岩心样本。只要用一个简易的锤钻，火星车就能把岩心打成粉，然后用钻头的凹槽把粉末带出来进行分析。假如我们能稍微犹豫一下，更深入地思考这个过程，可能早已省下无数的麻烦。我们坚持不懈地寻找问题的解决方案，却没有质疑这种方案是否正确，这导致我们光是在取样系统上就至少花费了两年时间。我们好几名优秀的工程师为此浪费了大量精力，最后只能加班加点完成项目的剩余工作。这不是别人的错，而是我的错。我太担心自己在下属面前表现得优柔寡断，太想取得可量化的进展，却不愿意提出质疑。

　　我感觉很多领导者在这两者之间很难拿捏分寸。一方面，我们要质疑每一种假设，探究每一个真相；但另一方面，质疑也有可能会走向极端。因此，"凡事持怀疑态度"的做法何时会越界，从而演变成"分析性瘫痪症"？直觉和本能又会在何时变成考虑不周和错误的做法？

我们要分解问题，了解我们对问题的认知状态，保持思维的自由并重点关注手头的问题，而不是关注我们自己，这才是在思考与行动之间找到正确平衡点的唯一方式。在理解问题的过程中，我们要运用拉姆斯菲尔德的逻辑组合方式，即：众所周知的事物、已知的未知事物以及未知的未知事物。我们不但要接触与手头任务相关的一切事物以及我们知道自己不了解的一切事物，还要在某种程度上感受到我们甚至无法直接感知的事物的重要性。我们要全情投入其中，但也要保持超脱的态度。我们不能为自己的表现或别人对我们的看法而耿耿于怀，也不能一直像等待"戈多"（Godot）那样等待永远不会出现的信息，更不能在信息真的出现时坚持一成不变的立场。

我知道这话听起来有种"曲高和寡"的感觉，让人很难以理解，但这是我们充分认识到问题所在的唯一办法。

如果说"索杰纳"的尺寸类似于一台烤箱，而"勇气号"和"机遇号"的尺寸接近一台大型割草机，那么，新开发的"好奇号"火星车就像一辆宝马迷你库柏汽车那么大，而且它身上携带的科学仪器的重量是此前火星车的 10 倍。

在我加入这个项目的时候，这辆体积巨大的火星车拥有两台提供动力的放射性同位素热发电机（简称 RTG）和两条机械臂。它还有两台完全一样的计算机，其中一台是主机，另一台作为备用；计算机内存有一层可以承受太空辐射的护甲，而且还具备能监控温度等环境因素的自监控系统。我的第一项任务就是缩小火星车体积，这样，我的朋友杰夫·安姆兰德就能让它在火星上着陆。

我的团队进行深入研究后，把火星车的重量从 900 千克降到 500 千克，几乎降低了一半，而减重的手段就是去掉其中一条机械臂和一台放射性同位素热发电机。长久以来，开发宇宙飞船的必然规律告诉我们，被减掉的重量总是会重新增加的，但这正是我们想从一开始就控制火星车重量的原因。我们在2011年发射到太空的火星车的克重与我在2003年加入该项目时所打造的火星车的克重十分接近。

但是，即使在我们努力减轻火星车重量的时候，我还是坚持火星车的大型化，比如长轴距和大车轮。这样做的理由是我不想让火星车在行进过程中被卡住。小型火星车会卡在岩石中间，而体型较大的火星车能在岩石上面行驶。中等体型的火星车既会被岩石卡住，重量也增加不少，在这两方面都没有优势。

"好奇号"的"六轮摇臂—转向架"结构能够让火星车在极端崎岖的地面上行驶时保持轮子不离开地面。它的每一个轮子都自带电机，而且两个前轮和两个后轮都有独立转向功能。这些以楔子加固的轮子直径为20英尺，它们都拥有独立驱动和传动装置，既能在柔软的沙地上行进，也能翻过坚硬的岩石。位于四个角上的轮子能够独立操控，可进行大幅度转弯或原地打转。车子的重心很低，可承受45度倾斜而不翻落；不过，车上装有摄像头和车载软件，能防止车辆驶入危险环境。我们还给火星车配备了桅杆摄像头，可拍摄全景图，可规划行进路线，甚至可以观察车辆在火星表面的行进轨迹以评估行进状况。车上还装有多台避险相机，它们可以提供任何即将接近的障碍物的特写镜头。除了这些工程相机以外，我们还想在桅杆上增加几台科学实验成像仪，以进一步提升"好奇号"火星车的成像能力。

然而，在我们优化火星车探索和数据收集能力的同时，一直困扰着"火星科学实验室"项目的另一个更大的问题就是，如何将这辆笨重的火星车安全送上火星。我们想在有利于科考工作的广阔着陆点登陆火星，而不仅仅是在那些能容纳腿式着陆器的平坦地面着陆；而当着陆器飞向着陆点时，我们想以最精准的方式控制着陆器，以降低着陆器与火星地表接触时所产生的未知风险。

　　天生的本能促使我们首先考虑到那些已被证明行之有效的解决方案，即采用降落伞、制动火箭和气囊之类的手段。但有一点我们十分清楚：这个尺寸的火星车与"火星探路者号"和"火星探测漫游者号"的火星车截然不同，我们无法把它装在一个四方形的着陆器中并使之降落地面。它的体积实在是太大了，因此，我们所面临的状况不完全是在设计上推倒重来，而是要"温故知新"，重新审视之前的创意，看哪些想法可以重新优化一下，以满足当前的需求。

　　尽管"火星探测漫游者号"项目中的气囊问题让我们头疼不已，但"火星科学实验室"项目的 EDL 团队起初还是尝试用更大的气囊来缓解"好奇号"火星车受到的冲击。汤姆·里维利尼发明了一种方法，它能够把气囊直接放在火星车上面，而不使用任何过渡结构；他还发明了一种着陆器落地时让火星车从气囊中行驶出来的新方法。可惜的是，"好奇号"火星车实在是太重了，我们根本无法让气囊的面料变得足够结实。由于存在着这种局限性，我们一直无法完成整个着陆系统。

　　如果我们为了增强气囊牢固程度而增加面料，气囊的厚度是加大了，但是，布料纤维所承受的负荷就没那么均匀了；最终，织物将不再那么结实，而只会变得更重。到头来，人类所知的任何纤维都无法用于体积如此巨大的"好奇号"火星车上；也就是说，那种气囊无法发挥作用。当然了，我们或许能找到其他方法，在气囊打开之前大幅减缓着陆器的下降速度。因此，EDL 团队在不断寻找，而无论他们什么时候咨询我，我都会继续给他们提供建议。

　　在选择一个项目前期研发人员时，组织通常看重的是他们虽无绝对把握，却能让事情运转起来的能力。在项目初期，他们只要能够推动项目、接触不同理念、激发各种可能性即可；而在这之后，组织需要有人勇于整理思路，并找到准确的方向。

"火星科学实验室"项目的初始团队能让事情运转起来,但他们当中很多人都不曾经历实践考验。有些情况下,经验不足会导致他们缺乏勇气;而在另外一些情况下,经验不足会让他们太过激进。有些人的想法过于"出位",但也有一些想法不够"出位",尤其是在 EDL 小组,领导层成员往往来自宇航局各个中心部门,他们为了一个共同任务而进行跨部门协作。实际上,这些中心的一些员工此前从未参与过研发任务,有些中心甚至二三十年都没有真正从事过研发项目。

在许多异想天开的创意中,有一个创意就是用一个复杂的雷达来引导体型庞大的火星车降落在火星地表。这个雷达是一个可操控的电子系统,它会寻找潜在危险,然后专注于获取更多信息。这被称为"主动相控阵雷达",美国海军在神盾级战舰雷达天线塔上方使用的那些宽大平板正是这种雷达。该系统首先发出一种宽波束,在遇到物体时,波束会聚焦在该物体上。然而,这个系统由于重量太大而被否决,取而代之的是一个简化的固定多波束系统,它能够测出物体距离和速度,但无法成像。它与直升机所使用的系统相类似,在商业上已被投放市场,但由于宇宙辐射、真空和极冷极热环境的缘故,大部分能在地球使用的电子技术都会在太空中失效。因此,我们只有两个选择:要么从现有商用雷达系统中挑选一种产品,对其进行大规模升级改造,使其适合于航天条件;要么重新开发一款产品。我们选择了后者。

我们想通过"火星科学实验室"项目实现的另一个目标就是以一种"托举＋制导"的方式进入火星大气层。换句话说,飞船不再简单地一头撞入火星大气层,而是以一个倾斜角度切入大气层,从而获得浮力。托举式进入法曾在"海盗号"项目中用过,但制导式进入法只在地球上的航天飞机和阿波罗计划中使用过。把托举式和制导式进入结合在一起,我们就可以在飞船穿越大气层的时候操控飞船左右移动或上下转动。这种控制方式能让飞船比其他方式更精准地着陆,将脱靶距离从

＋／－100 公里缩小到＋／－10 公里。脱靶距离缩短意味着我们可以在火星上找到更多安全着陆地点，这让我们有更多机会进行科学探索，而不必花费过多时间和精力在火星地表开车。

当气压推动飞船时，飞船上会产生压力中心点；而当该中心点与飞船的质心或重心不同时，托举的过程就完成了。我们可以通过偏移物体质心的方式实现这种变化，比如让一艘小船上的乘客向前移动；也可以通过偏移空气动力中心的方式实现，比如使用平衡调整片、小襟翼或类似于书架的扩展部件，用来制造偏离中心的气动压力。在这两种方法之间进行何种选择将对整体设计产生巨大影响，因此，这个问题越早解决越好。

当然了，被托举起来的飞船速度从 13000 英里/小时降低到 8000 英里/小时之后，我们仍需要采用制导式进入法，借助我们熟悉但问题重重的空气动力系统使降落伞减速。

我们的初步方案是使用与"海盗号"相同几何结构的降落伞，这种设计在过去 30 年里一直都是标准模板。我们要抛弃在"火星探测漫游者号"项目中让我们备受煎熬的降落伞设计方案，重新启用"海盗号"原有的"盘—缝—带"结构。但是，考虑到"好奇号"火星车的重量大幅增加，有人怀疑光靠一顶与"海盗号"同样大小的降落伞无法让"好奇号"降低速度；因此，该计划需要用这顶"海盗号"降落伞的复制品打破超音速，然后再用第二顶亚音速降落伞来最终完成这项任务。

正如对待平衡调整片所产生的问题一样，降落伞问题也需要进行审慎检查，并采用具有决定性的解决方案，这样，团队才能真正取得实质性进展。

与火星地表亲密接触之后，飞船还需要某种自动接地系统。对"海盗号"和命运多舛的"火星极地着陆者号"来说，这种接地系统就是三脚式着陆器。而对于"火星探路者号"和"火星探测漫游者号"火星车而言,这种接地系统则是汤姆·里维利尼的气囊方案。但由于"好奇号"体型巨大,我们需要重新思考如何才能减缓着陆时的冲击力。

一两年前,我们团队曾考虑使用一种托盘结构。这个概念是根据"火星极地着陆者号"失败的三脚式着陆器研发出来的。当我们用一块外围平板进行失效分析时,我们突然意识到,即使在最理想的情况下,三脚式着陆器也非常容易倾倒;而如果将一个体型庞大、重达900千克的火星车放在一个三脚式着陆器上,它会变得更加摇晃。

托盘式着陆器依靠的不是细长的机械腿,而是将整个火星车放在一个吸震平台上。这个平台也有机械腿,这些机械腿就像船舷外支架那样向外延展,但它们的作用主要是保持平台稳定。但是,这个方案的关键之处在于,我们要让着陆器以10~20英里/小时的速度撞向火星表面,并让平台吸收撞击力。那么问题就来了。着陆器的推进系统是安装在吸震平台底部的,它里面装着有毒燃料,有时候甚至会填满易燃燃料。一旦我们用护甲把它保护起来,防止岩石把它撞破,那整个着陆器就会变得非常重,导致无法发射升空;还有,这部分额外增加的重量会使火星车在火星表面的活动变得更加困难。即使我们成功地将着陆器发射升空,我也非常怀疑我们是否有把握把它送到火星地表。

这个问题让整个团队一筹莫展。2003年夏天,EDL小组组长杰夫·安姆拉德把所有EDL成员召集在一起,在158大楼201会议室举行了一次集体讨论会,我们一共有14个人参加了这次会议。在那几天时间里,我们绞尽脑汁,想了各种可能性,在物理定律和我们想实现的目标指导下将各种可能性进行组合。

如果我们能借助制动火箭减缓降落速度,也许还是能用气囊进行着陆,但是,在以制动火箭辅助降落的整个过程中,气囊系统就要一直搭载在降落伞上面;而降落伞会让着陆器左右摇晃,这不但会导致火箭做无用功,甚至还会招致危险。正是由于这个原因,米盖尔想到了

DIMES 和 TIRS。在"火星探测漫游者号"项目中,这两个系统能迅速分析图像,确定着陆器的下降速度,从而对火箭方向稍作调整,以修正风力引起的横向摆动。不过,这两个系统也并非十全十美。

另一个方案被称为"绳降火星车",这个想法从 1999 年开始就不断被提起。它的工作原理就是着陆器完全脱离降落伞,在火箭的引导下只带着后盖坠向地面,下方用一根 20 米长的缆绳悬挂着毫无遮盖和保护的火星车。尽管这个方法解决了降落伞的左右摇摆问题,但只靠一根缆绳将火星车和火箭制动下降级连接起来,其复杂程度不亚于降落伞所带来的问题。这个连接体不像从天上掉下来的石头,而更像一把从高空坠落的大砍刀,它们的摆动形态是相当可怕的。所以,大家都认为该系统不够稳定(但其实这种看法是错误的),"绳降火星车"方案也因此被束之高阁。

尽管我们依然为降落伞和着陆器可能会发生这种类似于古董钟摆的来回摆动而感到头疼不已,但我们还是不断地想到这个"绳降火星车"方案。在推进火箭点燃的时候,如果着陆器发生摆动,那就意味着它无法按照我们的要求灵活精准地飞行和降落;不过,一想到能够摆脱那个庞大笨重、形似海锚的降落伞,我们还是很喜欢这个方案的。在两个被绳子系在一起的物体从空中坠向地面、再点燃火箭以减缓其下降速度的情况下,我们该如何减少它的摇摆幅度呢?我们开始寻找方法解决这个问题。这个问题引发人们在会议室里对各种想法进行大讨论,当中既有对话,也有争论。

当会议室的每个人都在思考这个问题的时候,"火星科学实验室"项目 EDL 小组机械系统工程师汤姆·里维利尼就站在一块白板旁边。最理想的方案就是在点燃火箭时缩短火星车的摆幅,而在接近地面时加长摆幅。但"火星探测漫游者号"和"火星探路者号"让我们形成了思维定势,认为火星车应该由降落伞的缆绳吊着放下来,而且那根缆绳要保持一个固定的长度。

我们都知道，无论是座钟的钟摆还是飞船，它们的摆动频率值都是重力的平方根除以钟摆长度。会议室里的所有人似乎都有这种想法：如果把这个等式中钟摆的长度缩短为零，摆动频率就会变成无穷大——也就是说，无论是钟摆还是摆动都将不复存在。

我记得杰夫·安姆兰德和我对看了一眼，不约而同地说："把频率加到无穷大。"我们抬起头，看到汤姆正在白板上写下这样一个设想：着陆器后盖和火星车一起脱离降落伞，但暂时不放下缆绳。就在那一刻，会议室里的所有人似乎在思路上达成了一致。我们要把下降级与火星车绑定在一起，等待着陆器避过飞行的敏感阶段并消除水平运动。这时候（也只有在这时候），当着陆器处于完全垂直下降状态时，在制动火箭的辅助下，我们可以在距离地面约 5 米高的地方用缆绳放下火星车。如果我们能正确使用火箭的话，这个方法能让火星车缓慢地接触地面，而根本不需要使用气囊。然后，带有制动火箭的下降级与火星车分离并飞离降落地点……大功告成！

天空起重机——或者说"天空起重机原型"——就这么诞生了。它与我们最终送上火星的起重机系统有很大不同，但尽管如此，我们已经在思路上有了重大飞跃。我们都明白，在降落伞飞行或在火箭辅助下降的大部分阶段，千万不要放下火星车。我们要等到飞行结束前的最后一刻。从某种意义上来说，我们所有人都已经在这个问题上"毕业"了，我们用集体智慧解决了"火星探路者号"和"火星探测漫游者号"无法解决的难题。

使用天空起重机原型可能产生的问题比使用气囊多得多，但不知道为什么，我们觉得这些问题都在可控范围之内。我们有基础物理学理论作为支撑。气囊和托盘着陆时受限于特定地形，有很大偶然性；天空起重机则与此不同，它在放下毫无防护的火星车后，利用火星本自身的轮子和悬挂作为自动接地系统,而该系统在设计时就已经考虑到适应火星崎岖和充满变数的路面。

从集体讨论会中,我们感觉"天空起重机"这个疯狂想法产生的所有问题(说实话,我们最初只想到了百分之一的问题)比我们所知道的托盘和气囊这两种不管用的方法好得多。这个方法既拥有单个物体飞行时的特性,也有以缆绳相连的两个物体着陆时的特性。当火星车脱离降落伞并飞往着陆点时,这个方法将给予火星车最大的灵活性;而当火星车接近地面时,它又将给火星车提供最大的稳定性。

工程界有这样一句老话:"绳子能拉不能推。"也就是说,当火星车接触到地面时,下降级不会被拽下来;在整个着陆过程中,火星车只需要做一件事情,那就是减少绳子的张力。此外,缆绳能让火箭远离地面,避免火焰反冲和扰动土壤,这会造成着陆不平稳或者着陆在一个由喷焰形成的小坑中。尽管这看起来很疯狂,但我们觉得这方案行得通。

当然了,尽管有些疯狂的想法是可行的,可问题在于,对大多数人来说,这些想法看起来还是太过于疯狂了。好在时任项目经理的麦克·桑德(Mike Sander)力排众议,同意了这个方案。但是,前方还有更尖锐的批评在等待我们。

我又回去从事火星车的研发工作了,这才是我的本职工作。但在接下来的一年半时间里,我还是时不时地为 EDL 小组提供咨询,米盖尔和圣·马丁(据我所知,他是意见最尖锐的人之一)也是如此。

"天空起重机原型"从一开始就只用一根缆绳,这立刻引起了米盖尔的关注。如果只用一根缆绳的话,我们就需要让火星车在下降过程中保持完美平衡,这就像只用一根线把飞机模型挂在婴儿车顶一样。而在 EDL 过程中,这根线就是用"凯芙拉"纤维制成的缆绳。

"天空起重机原型"还让我们憧憬着用机械卷轴使火星车在不受任何控制的情况下降落。该下降级处于一种恒定推力中,当火星车接触到地面时，下降级的重量会减轻，这将让它作出自然反应，吊绳会从卷轴的尾端掉落下来。然后，由火箭会带着下降级飞到一个安全距离并自行坠毁。

为了让火星车成功下降，那根连接着下降级和火星车的缆绳要穿过下降级和火星车的重心，否则火星车会在下降过程中发生摇摆和倾斜；而由于下降级的火箭保持恒定推力，它偶尔的顿挫会加大火星车的摇摆和倾斜幅度。

在接下来的一年里，EDL 小组缆绳从一根缆绳变成了三根。在单缆绳方案中，卷轴被安装在火星车上，而下降级以恒定推力停留在空中；在三缆绳方案中，卷轴被安装在下降级上，而下降级则不断地向地面移动。火星车与下降级将会相隔 7.5 米，以每秒 0.75 米的速度向火星地面垂直下降。我们尝试过不同的触地逻辑系统，但它们都不要求天空起重机判断火星车的触地状况。

相反，我们要求下降级以匀速降落，它的内在逻辑系统类似一种监控油门设置的"超我"功能。与此同时，时钟弹簧会收紧缆绳的松弛部分。一旦火星车的重量脱离缆绳并停留在火星上，"保持匀速"这一油门设置将会减半，而"超我"会觉察到这种状况。大约一秒钟之后（在船载计算机的计时方式中，一秒钟已经是很长一段时间了），计算机将认定火星车已经降落在火星表面，然后，由焰火装置切断缆绳，下降级将飞离降落地点。

时间来到 2005 年，"火星科学实验室"只收到 10％～20％ 的项目资金。如果想让宇航局全力支持这个项目，我们恐怕还得面临不少挑战。随着项目资金审核会议即将到来，我们要让刚把两辆火星车送上火星的团队（即"火星探测漫游者号"团队成员）加入这个项目中，这是个合理的举措。

"火星探测漫游者号"项目经理彼得·泰辛格和飞行系统经理理查

德·库克分别来担任"火星科学实验室"的项目经理和飞行系统经理。彼得只是暂时带领这个项目一段时间,后来,他上调喷气推进实验室执委会,理查德接替了他的项目经理职位。接着,理查德又聘用了"火星探测漫游者号"项目 ATLO 小组经理麦克·沃勒斯(Mike Wallace)担任飞行系统经理。

彼得·泰辛格不是那种被动接受极端想法的人,他希望团队保持融洽的氛围。一听到"天空起重机"这个设想,他就立刻召集了外部审核委员会对该方案进行评审。

彼得请美国航空航天公司(Aerospace Corporation)介绍一些知名专家过来。于是,在 2004 年 9 月,40 多名专家在加州蒙罗维亚市(Monrovia)逸林酒店(Doubletree)开了整整两天大会,逐页地审核这份方案。这个审核委员会包括前参议员哈里森·施密特(Harrison Schmidt),他曾是"阿波罗 17 号"(Apollo 17)飞船宇航员,也是最后一个踏足月球的人。我们考察过有长时间飞行经验的西科斯基(Sikorsky)直升机公司飞行员,"海盗号"项目导航、制导与控制的负责人罗伯特·英格罗布利(Robert Inglobly),波音"快速帆船号"飞机导航与制导负责人罗伯特·杜兰(Robert Dolan)以及"阿波罗号"登月舱工程师哈尔·多恩(Hal Doiron)等人。

2005 年 1 月,评审委员会通过了该方案,并递交了评审报告。

目前,"天空起重机"似乎是一个可以接受的设计选择,或者像金特里·李所说的那样,这是一个"最不可能被否决的方案"。不过,它确实是能让火星车顺利在火星着陆的诸多神奇方法之一。

第 9 章

拼　图

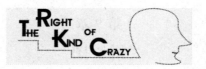

在逸林酒店为期两天的评审会结束后不久，理查德和我参加了由飞行系统经理马特·沃勒斯主持的会议。这次周例会的主旨是让"火星科学实验室"的所有业务单元聚在一起讨论项目进展、设计如何接轨以及如何应对尚未解决的难题。

在喷气推进实验室，类似例会是项目的标准操作流程。一个项目的生命周期始于一个概念和一份提案，然后就是项目概念评审（简称MCR），接下来还要经历初步设计评审（简称 PDR）和关键设计评审（简称 CDR）等阶段。目前，我们已经通过了项目概念评审，但距离初步设计评审还有一年时间。

这次飞行系统会议是在喷气推进实验室 T-1728 的会议室举行的。T-1728 是一幢双层活动房屋，我们把它用作项目总部。马特坐在会议桌的上首位；而作为马特的上司，理查德却并不想侵犯马特的权威，他低调地坐在会议桌外围一排旁听者中间。

当马特不断询问一些与 EDL 相关的问题并征求我的意见时，我就预感到要发生一些什么事情。项目日程表上最重要的问题就是降落伞的设计问题。我们需要一顶还是两顶降落伞？如何让降落伞获得浮力？是通过重量分布还是平衡调整片？马特发表了一些观点，然后对着我说:"你怎么看?"

我说:"呃,这事不在我职责范围内……"然后,我就直言不讳地提出了我的观点。以这样的方式加入讨论让我感觉有点怪异,我很担心他们这是在削弱杰夫·安姆兰德的权威,而他才是 EDL 小组的真正负责人。但我又马上意识到,马特和理查德处事成熟,他们是不会明目张胆地做这种事情的。我只能假设他们已经提前跟杰夫打过招呼,说我只是个局外人。对于他们如此随心所欲地表达对我的信心,我也只有这么一种解释了。

整场例会都是以这种方式进行的。每遇到一个新话题,马特就要我发表意见,仿佛我的观点有决定性作用似的。

会议结束了,大家开始整理笔记本,合上笔记本电脑。

马特说:"亚当,你先别走……杰夫,你也是。"

与会人员陆续走出会议室,我们三个人和理查德留了下来。

"我们想让你接手 EDL 小组。"马特说。

尽管我在开会的时候抢了不少风头,但一听到这话,我还是有点惊讶。

"那杰夫怎么办?"

"杰夫另有安排,我们有别的事情让他去做。"

刚才开会的时候,杰夫在一旁神态淡定地听我们交流意见,原来他早已知道个中原委。其实,他们想让杰夫担任首席机械工程师,负责整个项目的运行。

"火星车的研发谁负责?"我说道。

"我们不太担心火星车的问题。我们以前开发过火星车了。"

"没错,但它们不够精密。"

理查德对我点了点头:"谢谢你,不过我们能搞定它。"

(后来,我和理查德、马特都意识到,火星车的地面运行需要严谨的专业知识。在我接手 EDL 小组之后，火星车的地面运行工作就没人负责了，整个项目也因此受到影响。但在当时，多半因为"勇气号"和"机遇号"火星车没那么复杂，所以理查德和马特认为"火星科学实验室"项目的火星表面勘探工作要求也没那么高。兜兜转转之后，我们才最终认识到了这一点。）

我们就一些问题又进行了深入的交流。在走出会议室大门那一刻，我有了一份新工作，这与加入"火星探测漫游者号"EDL 小组的方式恰恰相反。我第一次有种偷偷摸摸上任的感觉；即使在我加入"火星科学实验室"开发火星车的时候，也没有如此明确的开头。此刻，更换人马的意图无比明显和直接。

我回到自己的办公室，深吸了一口气，然后对自己说："打起精神，加油！"我要负责着陆系统的端对端设计和技术研发工作，也就是说，我要与交付组织一起协调 EDL 所有业务单元，还要评估、管控风险，并将风险评估结果传达给上级项目管理团队和美国宇航局管理层。

我知道马特和理查德很欣赏杰夫，但考虑到那些悬而未决的问题，他们想找一个能采取大刀阔斧措施的人，我也表示理解。杰夫是一名优秀的工程师，但他缺乏从事 EDL 工作的经验；而且从性格上来说，也许他太过稳重和自信。他不太急于证明自己具有排除万难寻找真相的能力。他为人坦诚，容易相信别人，不惹人讨厌，但他并不擅长刨根问底地寻找问题的答案。这是一个疯狂的项目，而他们需要找一个跟这个项目气质相符的人。

当然了，"天空起重机"还有一些亟待解决的问题。他们在这个节点上让我负责 EDL，不仅仅是看重我对真理的不懈追求精神，还因为他们需要一个能"冲锋陷阵"的人，而这个人敢于提出一些不一定受人待见的想法。

我觉得自己在这两方面都能够胜任。如果说开发火星车的工作需要我全力以赴的话，那 EDL 的工作可谓是驾轻就熟了。我了解这个团队的人，而且我深知我们要面对的重大挑战……或者说，我认为自己知道有哪些挑战。

"新星"（Nova）频道推出的纪录片《火星：生与死》（*Mars, Dead or Alive*）最近正在美国公共电视台热播。我在屏幕上看到，与我共事 15 年的同事开始用不同的眼光看我，而制片方用 90 分钟时间来渲染他们自己的观点。不知何故，"亚当·施特尔茨纳"的形象在小小的电视屏幕上被过度简化和夸大了。尽管他们有充足的时间来了解我犯过的错误，可他们并没有这样做，因此，他们对我的评价有点虚高。这种感觉很奇怪，但我不至于紧抓人类的这种奇特天性不放，更不会不择手段地利用它。

出风头有着明显不利的一面。暴露在竞争对手面前当然没有好处；而如果我们被某个单位聘请来讲一个成千上万人无比期待的故事，也同样会招来很多怨恨。但是，如果利用得当的话，出点风头也是有好处的。如果一点好名声能让人们更愿意倾听我们的观点，那我们可以借此告诉他们一些重要的真相，这样他们就没必要从别的地方捕风捉影了。有生以来，我头一回感觉自己被赋予了天马行空的权利。我要全身心投入到手头的任务中，而这项任务最重要的部分就是带领团队。

在人类发展史上，最伟大的产品几乎都是由集体发明的。人都是群体动物，我们的大多数成就都是以团队形式取得的。当我们一起共事时，我们的组织形式会带来伟大的成就或巨大的灾难。尽管组织学已经得到充分研究和发展，但根据我的经验，为了一个共同目标而把人们组织在一起的过程更像是一门艺术，它需要创意、模糊思维和感染力。

每当我组建一个团队或欢迎团队的新成员时，我已经学会了仔细思考所有团队成员的角色，以及他们言明的、未言明的有时候甚至是无意中表现出来的需求和渴望。我会考虑到每个人（包括我自己）的优缺点,以及每个人是否有成长空间。有了这些信息之后,我把传统的项目组织架构融入我所参与的那部分项目中,然后对这个结构进行改造,使它符合参与该项目人员的特点。这样做的目的显然是组建一支高效团队,为客户提供最好的产品。

"火星科学实验室"项目的 EDL 团队成员来自全国各地,他们在美国宇航局的不同研究中心工作,因此,我所面临的挑战就是如何把这些人拼合起来。这个过程就好比将一张大拼图一块块地拼接起来。

组织也有优点和缺点,也有其自身不喜欢和想要的东西。团体、项目子团队甚至是机构,都有着属于它们独特、复杂甚至高深莫测的"个性"。IBM 公司的企业文化与苹果公司不同,而苹果公司的企业文化又与欧特克(Autodesk)、思科(Cisco)或谷歌等公司的企业文化不同。在美国宇航局内部,约翰逊航天飞行中心(Johnson Spaceflight Center)与艾姆斯研究中心的文化不同,而后者的文化又与马歇尔航天飞行中心(Marshall Spaceflight Center)的文化不一样;当然了,这些中心与喷气推进实验室也有着不同的组织文化。各中心组织文化之间的差异可以用来锻造具有强大功能的团队;但使用不当的话,它们也有可能会带来不和谐因素和结果。

领导力的本质在于找到一种方法,帮助我们每一个人、每个子团队或每个机构发挥自身所长,朝我们希望的方向发展,为集体做出最大贡献。

美国宇航局有 10 个实地测试中心,包括位于克利夫兰市附近的格伦研究中心(Glenn Research Center)、位于阿拉巴马州汉茨维尔市(Huntsville)附近的马歇尔中心、位于弗吉尼亚州的兰利研究中心、位于加州的艾姆斯研究中心以及位于德克萨斯州的约翰逊中心。而喷气推进实验室不在这个圈子之内;尽管我们为政府工作,但我们不归政府所有。我们属于由大学管理的"联邦政府资助的研发中心"(Federally

Funded Research and Development Center，简称 FFRDC）。在这方面，我们更像是位于新墨西哥州的圣地亚国家实验室，该实验室在为美国能源部工作，却由洛克希德·马丁公司的一个分公司管理；或者说，我们类似于劳伦斯·利弗莫尔实验室（Lawrence Livermore Labs），该实验室为美国国防部效力，但管理关系隶属于加州大学。美国宇航局只有一家编外研究中心，那就是我们喷气推进实验室。我们不是公务员，而是拥有自主权的加州理工学院的私有员工。

我可以毫不夸张地说，对某些个性类型的人来说，为政府工作所产生的安全感是很有吸引力的。当然了，这个问题我们不能一概而论，凡事总有可变和重叠因素。总的来说，美国宇航局的工作节奏要慢得多，而且在宇航局所采取的措施与为这些措施而花费的金钱之间似乎缺乏直接联系。假如你在宇航局实地测试中心工作，你的职务升迁要获得美国国会的批准；被解雇的时候，也差不多要获得国会批准。喷气推进实验室则任人唯贤，员工职务的任免完全遵循市场经济规律。也就是说，如果你想留在实验室工作，你就得有点真本事；但与宇航局相比，这里的自由度大得多。

从美国宇航局成立伊始，各个研究中心之间的相互竞争就从未停止过。宇航局的每个实地测试中心都有其独特的发展历程、趣闻轶事和光荣历史。从整体来看，当每个中心都发挥自身所长时，宇航局是无可匹敌的；然而，这并不意味着每个中心只做自己最擅长的事情。

多年以来，喷气推进实验完全专注于发展无人驾驶飞行器飞行项目和开发太空飞船。20 世纪 90 年代，在财政预算紧缩的压力下，美国宇航局放开了更多航天项目，私营承包商可以通过竞标的方式获得这些项目的经营权。但与此同时，宇航局的其他研究中心也试图蚕食喷气推进实验室的业务。

我们的工作通常被认为是近乎完美的，而价格也是近乎天价——

也就是说，如果你想找我们做项目，那最好准备一大笔钱。然而，宇航局的其他承包商打着"低成本创新"的旗号，尽管他们的成本下来了，产品质量却没有提升上去。

我敢确定，喷气推进实验室之所以给外界留下价格高昂的印象，部分原因在于我们的员工不是联邦雇员，因此，我们的劳动力成本不受国会为数百万联邦雇员制订的工资预算的约束。当宇航局与喷气推进实验室合作的时候，它要付出一大笔真金白银，这可能让它有点心疼。因此，我总是对新加入实验室的年轻工程师们说："我们不是为了挣工资而干活，只要把事情做得尽善尽美，你们就不用担心收入问题。"

这个观点同样适用于任何从事工程事业的人，你可以用这个标准来衡量任何技术工作。比如说，你的设备、你的机器人、你的应用程序发挥它们应有的作用了吗？你开发的精致的太空探险机器人按计划工作了吗？把事情搞得太复杂、太过于紧张，是最容易导致失败的。在我们的设计中，我们追求以最简单、风险最低的方式解决问题。有时候这种解决方案看似粗糙，甚至有可能过于浅显，但如果它能起作用，我们就以最低风险和最低成本完成了我们要做的事情。

在"火星科学实验室"这个项目上，我们的合作方包括位于圣何塞市的艾姆斯研究中心、位于休斯敦市的约翰逊航天飞行中心以及位于弗吉尼亚州汉普顿市的兰利研究中心。在"阿波罗号"和"海盗号"时代，不同的实地测试中心负责执行项目的不同任务，它们通常为飞船提供不同部件。比如，"阿波罗号"指挥舱研发工作是由马歇尔航天飞行中心主导的，登月舱的研发工作由兰利研究中心负责，而大气层飞行器的研发工作则由艾姆斯研究中心领头。大部分实际工作是由洛克希德、马丁·玛丽埃塔（Martin Marietta）、诺斯罗普·格鲁曼（Northrup Grumman）和洛克达因（Rocketdyne）等工业承包商完成的。最终结果就是，我们花了很多钱，却做了大量重复性的工作。不过，那时候我们不必关心花了多少钱,这倒是件美妙的事情。当时我们正与苏联争夺太空的制高点,我们唯一关心的事情就是赢得这场太空竞赛,而我们也确实赢了。

到了现代,大概从 1980 年开始,我们用一种更精益的方式成功地探索了其他星球和卫星。我们在喷气推进实验室成立了一个专门负责 EDL 的团队,并与其他实地测试中心的专家协作,借助他们的专业知识成功完成了火星登陆任务。

喷气推进实验室还与艾姆斯研究中心和兰利研究中心分别在"火星探路者号"项目和"火星探测漫游者号"上进行合作,所以说,我们和这两家研究中心的合作是有悠久传统的。它们都是空气动力学方面的专业机构,而且配置了高质量的测试设施——风道。兰利研究中心还拥有许多空气动力建模专家,他们曾协助过我们进行飞行轨道模拟试验,从而开发出适用于大气层飞行的控制系统。

在我开始"火星科学实验室"的 EDL 研发工作时,这种分权式领导模式故态复萌,只不过这次分权范围更广,横跨宇航局的各个中心,这导致很多人不太清楚我们的核心任务和设计是什么。我们在大范围内寻找可用的 EDL 设计元素,不再专注于将我们的工作内容缩小为寻找最低风险的解决方案,然后向前发展。我们需要一个"指挥中心",它敢于触及事物的本质和真相,并在此基础上采取行动。但是,为了重新调整我们的工作重点,并加强我们在设计和风险问题上的相互理解,我们首先要消除各中心在文化上的冲突。

杰夫曾鼓励喷气推进实验室的团队成员把想法告诉他,这样,项目相关人员的不同关注点将成为项目设计的驱动力。一直以来,这个方法效果相当显著;但是,当我使用这个方法时,我发现有些设计理念和技术虽然能够反映出某些团队成员的个人喜好,但它们不一定能满足我们 EDL 系统的需求。

兰利研究中心提供的设计思路当然也是这种情况。该中心有一种玛丽·凯·洛克伍德(Mary Kay Lockwood)的强势领导风格。玛丽善于推动流程,使之与其愿景保持一致。在 EDL 内部,这个愿景就是实现空气动力飞行。

在我们此前的火星探险任务中,我们使用的是钝体飞行器。该飞行器的钝端进入火星大气层后,它的速度会迅速降低。而在"火星科学实验室"项目中,我们的巨型火星车需要借助一些托举力才能在火星上空更高效地飞行。

可想而知,对玛丽·凯和她的团队来说,这种托举力是极其迷人的。因为多年以来,兰利研究中心以空气动力学而闻名;尤其是在过去几十年里,当我们还没弄明白地球的空气动力学飞行原理时,他们就已经在研究太空环境下的空气动力学了。我们已经知道现代飞机有多么安静和舒适,而这种舒适和安静大部分来自宇航局在 20 世纪下半叶在空气动力学上的先进研究成果。

但在太空中,那就是另外一回事了。在过去几十年里,我们一直使用无托举力钝体飞行器登陆火星,而很少运用兰利研究中心的空气动力飞行力学理论。如今,我们的托举和制导飞行研发工作吸引了大量这方面多年来郁郁不得志的人才。

玛丽·凯是一位非常能干的工程师,同时也是空气动力学方面的杰出代表。她对空气动力学的倡导影响了我们的一些设计选择。兰利研究中心团队想设计一款与我们之前发射过的飞行器形状不同的运载工具,而且他们想亲自设计和建造那种外形。他们还想设计一个类似于飞行器控制系统的东西,来引导运载工具到达降落地点。这两者都是大胆且不明显的设计选择,但兰利研究中心团队在情感上倾向于使用这两种选择。

所有工程师都渴望看到我们的设计变成现实,他们想看到我们设计的东西多么有趣,或者看到它如何以一种独特的方法解决问题。这种"方法"通常是我们所热爱的物理学深层之美,正是这种美形成了解决方案。

但"奥卡姆剃刀原理"(Occam's razor)总是在发挥作用。这把"剃刀"把成功和失败切成两半,去掉所有不必要的东西,留下"刚刚好"的东西;它将事实与遥不可及的虚构梦想分离开来。

兰利研究中心团队认为,从空气动力学角度来看,我们一直在进入火星大气层运载工具这个问题上反复地做着同样的事情,却从未做过任何创新或实验。他们的视野深受这个观点的影响。他们的看法是正确的,但我们之所以一次次地做着同样的事情,是因为这些方法一直很有效。他们的创新梦想与我们的最低标准不一致,而这个最低标准本来是有可能帮助我们双方获得成功的。那么,我们如何才能找到一个方法,帮助他们愉快地待在一个他们无法实现自己梦想的团队中呢?我们如何才能达成相互理解,既让他们知道如何发挥特长、为团队做出贡献,又不让他们的个人目标和利益左右我们对荣誉的追求呢?

美国宇航局所从事的航天飞行项目并不多,所以它的各个分支机构并没有形成一整套实用的技术体系。宇航局很多研发中心的团队化大量时间来研究这么一个问题:如果国家提供资金,让我们去做一些不用很快完成的事情,那我们可以做些什么?在他们所研究的许多可以作为毕生事业的课题中,可能没有一项符合这个要求。一个典型的例子就是人类对火星的探索。这种探索是一项有可能要花费数百亿美元的长期事业,但这并不会妨碍我们研究应该用哪些方法将人类送上火星,应该使用什么燃料,应该使用多少枚火箭登陆火星,以及宇航员要在太空、地球轨道和火星轨道停留多长时间等课题。然而,由于这些研究几乎都是为一二十年以后的任务做准备的,所以,它们对于飞船设计和风险控制的抽象思考不一定实用。正是因为人们希望在当下做出一番成就，将事实与幻想分割开来的"奥卡姆剃刀原理"才会应运而生。只有在一种迫在眉睫的环境中，我们的各种思想才会在残酷的殊死搏斗中相互竞争。如果我们没有成就一番事业的想法，那我们就无法学会接受那些简单的（而且很可能是丑陋的）真理，而这些真理应指引着飞船设计的方方面面。

钝体着陆器曾为之前的"火星探路者"和"火星探测漫游者号"项目做过贡献，但在兰利研究中心看来，制导＋托举式的气动飞行是有可能实现的。从某种程度上说，正是这种可能性诱使兰利研究中心放弃了对钝体着陆器进行必要的空气动力和飞行轨迹模拟测试。我们需要制导＋托举式飞行，这一点毋庸置疑。然而，当这种飞行方式出现在我们的设计中时，兰利研究中心开始变得有点狂热和想入非非。兰利研究中心团队抛弃了他们所擅长的分析工作，转而进入不熟悉的设计领域时，他们就只能在这个领域纸上谈兵了。想象一下，我们正在 Xbox 游戏机上玩《使命召唤》（*Call of Duty*）游戏。有一群士兵正等待部署。他们斗志昂扬地来到战区，遇到了一位已经第三次参战的军士长。"这可不是闹着玩的，"军士长提醒他们说，"我们不能蛮干。首先，我们要听周围的动静；然后，我们要放轻脚步。"

无论兰利的飞行轨迹模拟测试多么逼真，当我们面对飞船着陆时的残酷现实时，再逼真的模拟测试都无法让我们体会到那种深入骨髓的恐惧感。"勇气号"下降限速器在着陆过程中发生了什么事情？为什么它没有按我们的预想发挥作用？为什么我们的降落伞在测试过程中破裂了？诸如此类悬而未决的重要问题迫使我们不得不以怀疑的眼光看待一系列相关的事物。我们多么希望一切变得简单一点。

模拟测试会让整个 EDL 过程显得很抽象。例如，兰利团队成员很喜欢使用"过渡"一词，他们是这样描述 EDL 过程的："一艘飞船正在用气动外壳飞行，然后再'过渡'到降落伞。"

如今,在模型或书面研究中,飞行器从穿越大气层"过渡"到降落伞飞行可能只需要 1.7 秒的时间。但使用"过渡"这个动词意味着即将发生某种神奇的事情。飞船一开始处于某种构造中,几秒钟过后,它又处于另一种构造中,这个过程就像动画片里画面与画面之间的"过渡"。但在"过渡"过程中,真正进行的是一系列复杂的操作,而且这些操作不一定会成功。在此过程中,我们首先要准确地测量几个传感器的数据,然后准确地把它们放入一个导航滤波器中,再启动射伞枪的点火装置,使一顶经过悉心设计和完好包装的降落伞迅速离开飞船;但这顶降落伞的飞行速度不能过快,以免在充气过程中受空气摩擦而起火。"过渡"其实就包含了一个类似于此的过程。

实际上,"过渡"期正是绝大多数工程学开始发挥作用的时候,也是任务最有可能失败的时刻。因此,将"过渡"用作动词是一种危险标志,就像政客常用耳熟能详的"错误已经铸成"这句话来作为掩饰过错的借口。

我还认为,兰利团队对新事物的过分痴迷是有其危险性的。他们从项目伊始就关注 EDL 技术。在早期的"火星智能着陆者号"项目中,我们就已经知道,我们不会用过去几次项目所采用的方式登陆火星地表。EDL 界对于这次尝试新事物(例如,用制导方式穿越火星大气层)的机会极为兴奋,但兰利研究中心的每个人似乎过于兴奋了,他们仿佛喝了红牛饮料似的。因此,我采取的第一项措施就是缓解某些人身上长期以来因过度压抑而产生的"类固醇"物质。我想淡化他们的自信,让他们以一种健康的怀疑态度、批判的眼光和严谨的评估手段对待事物。我们需要冷静下来,安心做一些基础性的工作,但同时也保留积极的心态,在必要的时候表现出工作的激情。

说到基础性工作,我能想到的一个例子就是:我想让飞船在进入大气层的过程中少些颠簸,使切入角度更符合空气动力学要求且更接近我们以往载人飞行和无人飞行项目的切入角度。但是，减少颠簸意味着减少托举力和有效的制导飞行。有些人等待了几十年，就是为了在火星上实现制导飞行这样的梦想；但对他们来说，我提出的方法是令人失望的。

更少的颠簸意味着我们要放弃一些上升能力和高空性能。尽管这是一种保守主义行为，但考虑到多种因素，我觉得我们应该这样做。安全是首先要考虑的问题，但由于飞船性能的局限性更多，我们也不要想着一步到位。以后我们会在真正必要的情况下进行调整，重新提升一点性能。

在接手 EDL 小组之后，我一方面抑制某些员工的极端情绪，并将集权决策模式重新变成一种更清晰、更实用的蓝图。另一方面，我把跟我们合作的艾姆斯研究中心、约翰逊研究中心、喷气推进实验室和兰利研究中心的 40 多名员工集中在一起，准备召开一场为期三天的团队会议。开会地点是位于喷气推进实验室园区内的双层活动房屋 T-1729 会议室，后来那里就成了我们大多数研发工作的总部。

不过，等到大家在实验室集合完毕时，我却患上了重感冒，体温高达 104 华氏度（即 40 摄氏度），神智处于半昏迷状态，所以我错过了头两天会议。

到了第三天，当我出现在会场的时候，我成了一个制造麻烦的人。我想，我的工作就是帮助我们 EDL 小组变成一个更紧密、更讲求实际的团队，而制造麻烦也是这项工作的一部分。

我开始向他们提问题。我提问的方式当然不像一个检察官那样，但也不像一个低调和蔼的工程师。我要让团队深入了解这些问题的迫切性。由于我在这方面有着丰富经验，所以我能够以一种更热情的方式提出以下问题，让人们无法用一些模糊和没有说服力的答案来糊弄过关。

"那么，你是指……"

"是的，差不多这个意思。"

"呃，请详细说一下，教教我。"

我想和每一个人齐头并进，尽我所能跟上他们的步伐，并了解他们正在做的事情。我吸收新的信息，追赶在学习曲线上领先我的每一个人，包括来自兰利的空气动力学团队。

我的职业生涯开始得较晚，但这样的好处之一就是我要迅速积累好几个领域的知识，以满足本职工作的要求。我现在仍然处于不断学习和积累的过程，而且我非常享受这种状态。

无论何时，如果有人受邀改善一个举步维艰的体系，他们就要感觉该系统真的处于困境中，以便增强他们完成这项任务的信心。这正是他们形成使命感的方式，他们会感觉到自身价值是与当前体系的混乱程度成正比的。如果这个体系没有真正的问题，那么，被请来解决问题的人就只是用来装点门面而已。

我敢肯定，当我刚接手 EDL 小组的时候，大家就用这种偏见来看待我。我曾经打趣说，现有的 EDL 设计系统就像一个得了重病的患者，他被注射了大量的肾上腺素，被人打了几下耳光，手里被塞了一杯意式浓咖啡，然后被推到世人面前，假装自己很健康。这个针对 EDL 系统设计的观点并不是为了取悦团队的所有人；实际上，从某种程度上讲，我说这番话的目的是为了在团队内部引发争论。我们要对原有事物进行旁敲侧击，打破原有顽固不化的假设，看看是否存在让事物变得更好的可能性。

我要让每个人都全情投入这项事业中。正如从事"火星探测漫游者号"项目一样，全情投入要求我们具备思辨的心态，而为了使这种思辨更具有创造性而非破坏性，我们需要一个团结的队伍。

我们不能像古希腊的城邦那样，每个人只关心自己的地盘。我们要以一种异花授粉的方式共同领导这个团队,敢于以一种咄咄逼人的方式交流,但同时也对同事充满爱和敬意。我们要让他们毫无保留地贡献自己的点子。当然了,没有日常的有形接触,这一点就很难实现。

我们的一些远程合作关系比其他机构做得更好。飞船的制导由约翰逊航天中心的一个特别小组负责,而这个小组使用的是"阿波罗号"制导算法。我们使用这些算法是有着充分原因的,可能其中最主要的原因就是它们非常简单。包括克劳德·格雷夫斯(Claude Graves)以及后来的加文·门德克(Gavin Mendeck)在内的约翰逊航天中心员工都是顶尖人才。他们对这些算法有着深刻的理解,而每当我和米盖尔迫使他们进一步加深对算法的理解时,他们总是乐于接受挑战,这让我觉得应该继续由他们负责制导工作。同样地,艾姆斯研究中心在空气热动力学方面不逊于美国宇航局的任何机构,所以我让该中心继续负责这方面工作。

我对兰利研究中心控制算法的担心是双重的。首先,他们不熟悉飞船控制系统设计;专攻这方面课题的人员刚从大学毕业不久,缺乏实战经验。其次,他们在学校里学到的只是飞机控制方法,而我们的运载工具一点儿都不像飞机。它使用火箭推进器作为控制手段,而不是襟翼和发动机,而且它在大部分时间内都要在处于真空状态的外太空中控制好自己。飞机的艏摇、横摇和纵摇等运动方向都是耦合运动,这意味着一个方向的变化必然会影响到其他两个方向,也意味着飞机的控制方程式是非常复杂和难以理解的,因为飞机这种细长形运载工具在大气层中的运动会受到空气动力学影响。

我们的运载工具及其在火星大气层中的行为并不需要飞机的控制模式,而是需要一种能够以更大确定性计算飞船性能和风险的非耦合飞船控制手段。此外,我们需要那些经常建造航天器控制系统的人来制订这种方案。

为此，我想让喷气推进实验室重新负责该设计工作，因为我们在70多年时间里一直在开发飞船控制器。确切地说，我想把这项工作拿回来，把它交到足以胜任的米盖尔·圣·马丁和他的团队手中。

但是，我们也纠结于如何获得飞越火星大气层所需的托举力。我们在兰利研究中心的同事建议通过在飞船外边缘安装一个空气动力襟翼（即平衡调整片）来获得托举力和控制力。他们已经针对这个想法进行过大量测试，但还是存在一些问题。首先，将飞船发射出地球大气层的运载火箭只能做那么大。我们的火箭头只有一个直径为4.7米的整流罩，而一般来说，我们在制作气动外壳的时候，会把气动外壳的最大直径与运载火箭整流罩的内部紧密配合。从气动外壳表面凸出的任何部件（包括平衡调整片）将要求缩小气动外壳的外周长，以便容纳添加进来的任何东西；这样的话，气动外壳的整体阻力面积会减少，而弹道系数会增加，这会让飞船更难以减速。所以，从这个角度来说，采用平衡调整片就是向错误的方向迈出了一步。

但还有一个更令人担忧的问题：平衡调整片所形成的不规则表面会对流动空气摩擦力和由此产生的热量作出哪些反应？

气动外壳是圆形且平滑的，在电脑模型中很容易理解，这让气流相对容易测试。可是，在兰利所提议使用的平衡调整片的各个角上（也就是平衡片与气动外壳相接触的地方）会形成一些直角。这是一个完全不同的区域，它会让气流产生巨大的变化。我们的测试设备已经是地球上最好的设施了，但遗憾的是，它们只能测试一小片隔热罩热防护材料，而且无法复制平衡片材质所产生的复杂气流模式。所以，平衡调整片产生的复杂热气流模式会给我们带来额外风险，而我们还没有办法完全了解这些风险。

因此，我向兰利团队提出了以下问题："假如我们遇到一种复杂的、局部的发热现象，那将意味着什么？这种现象将如何影响我们的防热材料？我们如何才能对此进行测试？"

"我们也在思考这些事情。"他们说。

这个含糊其辞的回答告诉我，他们压根儿就没深入思考过这些问题，因为他们对平衡调整片方案已经有了先入为主的观念。当然了，他们还没有到达实施该方案的阶段。

于是，我接着问他们："平衡调整片角上的空气动力学环境是怎样的？它的变化速度有多快？我们能测出多少？艾姆斯的设备能按我们认为重要的规模去测试吗？"——我们在位于加州的艾姆斯研究中心墨菲联邦航空场（Moffet Field）测试我们的防热材料。

"艾姆斯的同事说，他们只能测试两到三英寸直径的材料。"玛丽·凯对我说。

"那我们的材料直径呢？"

"十英寸。"

因此，该平衡调整片角落的长度尺寸将超过我们的测试能力，这让我们无法相信我们的分析结果，我们将面对一个巨大的未知数。

对平衡调整片方案进行深入探讨后，我们发现了一个潜在的致命缺陷，即在飞船进入火星大气层时，大气摩擦产生的热量会通过平衡片钻入飞船中，从而导致飞船起火。

玛丽·凯是一个特别聪明和沉着冷静的人，她能够对每一个问题都对答如流，但经过这一番交流之后，她明白游戏规则已经改变了。我意识到，她在"火星科学实验室"项目上所做的事情与我在"商博良项目"中所做的事情是一样的，那就是"自我授权"。她已经看到了一个增加领导力价值的机会，于是抓住了这个机会，我很敬佩她的这种能力。她和我之间的不同之处在于我的运气还不错，通过自我授权的方式形成了一个能够符合我要求的团队组织结构；而她的领导方式和愿望最终对我们的集体努力并没有真正的帮助。她的方案不起作用这一事实不容易被兰利研究中心团队接受，因为他们缺乏真实环境下的飞行研发经验。书面分析和缩尺模型试验与真正建造飞行器和进行试飞是完全两码事。我们需要最简单、最容易实施的解决方案，它能够利用我们团队每一名成员的核心竞争力，让我们有绝对信心去进行测试。它不是在实现一个梦想，而是在制作一种恰到好处的事物。

在进行了大概一分半钟的交流之后，我在心里就把平衡调整片方案给否决了，但我们不想以偏概全。当人们看重的一个想法已经行不通时，我们要让他们有足够的时间去适应现状，这是出于对他人的尊重，也是着眼于求同存异的做法之一。因此，我们暂时先不做最后的决定，而是又开了两次会，让大家逐渐意识到问题的存在。最终，我们用来制造托举力的并不是平衡调整片，而是一种重量抵消法。

由于运气、历史偶然性和努力工作，喷气推进实验室这些年来制订了大量成功的太阳系探索计划。客观地说，喷气推进实验室有经验的员工知道成功是什么滋味，也知道哪些"有希望的"构思不是能真正坚持下来的。但是，我们也见识过失败，而失败比成功更能让人学到东西。

为了改变我们的组织文化，我不断用问题促使团队成员进行思考，以一种能确立我领导力的步调推动他们提出更深刻的见解，并鼓励他们勇于提问、刨根问底。提出正确的问题不一定是一种对控制权的争夺行为，但提问能产生一种"OODA 循环"，即观察（Observe）—调整（Orient）—决策（Decide）—行动（Act）这一军事策略四个阶段的英文首字母缩写词。在一种竞争环境中，每当出现行动和信息的重复周期时，OODA 循环就会发挥作用。无论是谁，只要能更快、更聪明地作出反应（即进入竞争对手的 OODA 循环圈），他获得成功的概率就会更大。

我知道，我自己还有很多东西要学。为了在学习道路上不断进步，也为了加快 OODA 循环速度，EDL 小组从泰辛格的概念审核委员会精心挑选出一些人员，组成了属于我们 EDL 小组的常设评审委员会。我们邀请了在"海盗号"项目中负责过制导和导航任务的鲍勃·英戈比（Bob Ingoldbe）、在波音"DC 快帆号"项目中负责导航与控制的罗伯特·杜兰、来自丹佛市洛克希德·马丁公司的火箭推进系统专家凯文·约翰逊（Kevin Johnson）和其他几个人，还有来自联盟空间系统公司的肯·史密斯（Ken Smith），他是我遇到过的最聪明的工程师。

有些人害怕我们审核委员会所提供的善意监督，他们总觉得有人在监视他们，盯着他们的一举一动不放。我把这种监督视为充分利用专家的宝贵意见，并把委员会的委员们视为专家，而不是判官。我还发现，说服某个对我所提建议持怀疑态度的人接受该建议比说服我相信他们不知道自己在说些什么的人更让人跃跃欲试和富有挑战性。把不理解你的人争取过来之后，他们就会变得有趣得多。所以，我很支持这个委员会，我想把他们引入我们团队，并以一种虚心对话的方式听听他们要说些什么，至少我考虑到自己有犯错的可能性。我非圣贤，当然也会犯错。

由于我们在重新开发类似于"海盗号"那种可调节推力的火箭发动机，以使火箭在接近火星地表时降低下降阶段的速度，所以我请凯文·约翰逊来帮忙。在项目的前期审核过程中，他提出了一个问题，即是否可以在下降级外面、火星车的侧上方安装发动机喷嘴。在这种配置下，排气管距离火星车的车轮大约有 1 英尺，它喷出的一股极热电离气体正好经过车轮。凯文粗略地计算了一下，然后说："在我看来，你会遇到辐射加热问题。"他所说的问题类似于站得离壁炉太近，虽然它不会灼伤你的大腿，却会让你热得不得了。

在会议上，我们看着电脑屏幕上的设计方案，我说："谢谢你，我们已经计算过了，这没问题。"但我并没有真的听取他的建议，团队的其他人也没有真正听取他的建议。当然了，我没预料到他的看法可能正确。

我想，我们已经真正研究过这个问题了，我们团队的大部分人在几年前把"火星探测漫游者号"的两辆火星车送上火星；我们已经做过充分的研究，而且我们了解自己所从事领域的专业知识！但是，最关键的是"骄兵必败"。

我们有一个被称为"验证与确认"的流程，它的目的是对项目各个环节进行复查。在对火箭尾焰进行复查的过程中，我们发现，我们的模型低估了热辐射问题。我们还意识到，尾焰不但会使火星车轮子变得过热，还会让整辆火星车过热。此刻距离凯文第一次提出这个问题已经过去 6 个月时间。

因此，我们要降低引擎位置并延长喷嘴长度，这意味着我们还要重新对各个引擎分别进行"验证与确认"测试。总而言之，我们还要再花一年时间完成这些转变，并处理好由那个错误所引发的连锁反应。假如我们一开始就听从凯文的建议，我们就会节省下这 6 个月的宝贵时间。错误的代价是巨大的。

即使我们拥有一个优秀的团队，而我们也在深入地探寻一些问题，并且一切都已经走上正轨，但我们还是可能会犯错。犯错的可能性总是存在的。我希望，即使工作中出现一丁点儿犯错的可能性，我们也要对它穷追不舍。当错误的征兆出现时，请尝试着充分利用这种征兆，直到我们说服自己或其他人相信我们是正确的，或者我们以自己的方式发现错误为止。千万不要让可能存在的错误悬而未决。

在我有人事任免权之后，我就马上让米盖尔担任 EDL 制导与导航负责人。米盖尔是一名才华横溢的电气工程师，他对制导控制非常在行，但他的审美观过于实用和简朴。擅长制导的科研人员通常会在优化问题上走极端，这会造成事倍功半的效果。米盖尔和我一样，有着一种比其他人更简单的结构化审美观；在设计过程中，他不喜欢最佳解决方案，而是追求经济性。他总是力求"大体满意"的设计效果。最终，米盖尔监督了将天空起重机降落到火星地表的软件编写过程；而且在开发 EDL 系统的整个过程中，他都是我不可或缺的合作伙伴。

到了 2005 年年末，我们的 EDL 团队已经相当稳定和专注了，我们坚定不移地开发天空起重机。但就在此时，我们要开发这个"稀奇古怪"之物的想法传到了宇航局领导层耳里。宇航局局长迈克尔·格里芬给喷气推进实验室留了句话，这句话的大致意思就是："过来跟我解释解释这件事情。"这是个不祥的征兆，因为宇航局局长一般不会就某个航天系统的设计发表意见。可话又说回来，迈克尔·格里芬可不是一般的宇航局局长。

第 10 章

疯狂到位

迈克尔·格里芬一直担任约翰·霍普金斯大学应用物理学实验室
(Johns Hopkins Applied Physics Lab)太空部负责人,后来才被小布什
(即乔治·沃克·布什)总统任命为美国宇航局局长。他拥有航空航天
工程学博士学位以及航空航天科学、电气工程、应用物理、土木工程等
其他四个学科硕士学位,再加上一个工商管理学硕士学位。他所受的
教育要求在一定程度上注重细节,而且他不是那种对报告一掠而过,然
后让下属去处理具体事情的人。他喜欢事必躬亲,在做决策时依靠的
是自己对事情的理解,而不是别人的意见和看法。我想,宇航局有这样
一位懂得太空探索业务具体细节的领头人,确实是件令人耳目一新的
事情。相比之下,我们的前任局长只是一名职业政客。迈克尔可不是
那种人,他在宇航局内部极受人尊重。

即便如此,假如宇航局局长因某个项目而被传唤到华盛顿进行解
释,那也不是一种标准的操作流程。实际上,我从未听说过这样的先
例。不过,这是迈克尔要求这样做的,这倒也合情合理。也就是说,这
次传唤不会成为一次官僚主义式的讨论。

理查德·库克要我准备一套汇报材料,以便递交给华盛顿。他帮
我制作幻灯片资料;同时提供帮助的人还有飞行系统经理马特·沃勒

斯和我们的火星勘探管理局局长李复国（Fuk Li），后者是众所周知的难以理解之人。这是我第一次与李复国接触，他居然为制作幻灯片这样的"零碎琐事"而表现出些许的紧张感，这给我留下了深刻印象。火星勘探管理局局长负责所有火星探测任务，该职位是在"火星探路者号"项目结束后成立的，受美国宇航局总部直接管辖，与喷气推进实验室没有直接关系。李复国以一种特别保守的方式来做这份工作。我从来没看到他笑过，当然也从来没见过他开玩笑。他那头蓬松斑白的头发让他看上去就像马修·麦康纳（Matthew McConaughey）在电影《冲浪好手》（*Surfer Dude*）中的形象，只不过是华人版的；而除了他的头发以外，我印象最为深刻的就是他那审慎的目光和冷静且不露声色的表情，似乎他在故意渲染自己是一个典型的、难以捉摸的亚裔人士似的。在我和他交情较深之后，他有意地培养自己的幽默感，有时候也会跟我开几句玩笑。

我们四个人把幻灯片制作完毕之后，便请罗布·曼宁、金特里·李和达拉·沙巴伊来给这些资料提意见。

我们花了大约一周时间润色幻灯片，直至它能够还原事情的本质，我们才觉得满意。然后，我们几个人又利用周末在喷气推进实验室的会议室里一遍又一遍地对幻灯片顺序进行重组。在我做过的演示资料中，这套资料的工作量是最大的，而且每次我都会屈从于他们事后诸葛式的评头论足，再次对资料进行修改。金特里·李和罗布总是扮演着唱反调的角色，他们先听我发表观点，然后向我抛出一些稀奇古怪的问题。

这次会议将于周二在美国宇航局总部进行，作为汇报团队的核心成员，李复国、理查德·库克、马特·沃勒斯和我打算在周一飞往华盛顿。后来成为总工程师的罗布也和我们一起前往华盛顿，因为他在参与"火星探路者号"项目的时候就已经认识迈克尔·格里芬了。

周六晚上，我彻夜辗转难眠，这一方面是因为我在想明天穿什么衣服。在喷气推进实验室，我们的衣着可以标新立异，并且我们以此为荣；但在华盛顿特区，人们更多的是西装革履。在美国宇航局总部，员工们的衣着不像在国会会议上那么正式，但也比喷气推进实验室的衣着正式得多。我们想对宇航局表现出尊敬，但我也想做我自己。最后，我选择了一条领带和一件20世纪50年代流行的夹克衫，再加上一条带有"骡子节"（Mule Days）牌皮带扣的牛仔裤和一双牛仔靴。

我带了一份终版幻灯片打印稿去坐飞机，并在整个飞行途中做一些交接工作。这项工作确实要让我使尽浑身解数。我不仅需要有解决技术问题的能力，还要有把解决方案表达出来的演讲技巧；我还要有一定的人际沟通技能，在人们对解决方案的质疑趋向白热化的时候保持冷静。

宇航局总部位于华盛顿南端，航空航天博物馆附近的大型购物中心只有两个街区的距离。在总部街对面的万豪居家酒店（Residence Inn）登记入住后，我们到史密森博物馆闲逛，去看看保存在那里的"海盗号"着陆器和喷气推进实验室的其他飞船。它们提醒着我们曾经冒过的风险。当我们取得成功时，它们成了整个国家的宝贵遗产；而当我们失败时，这种失败只能以反省和丧失信心的方式融入国民意识当中。最后，我们为这个国家贡献了一切；我们所经历的成功和挫折不属于我们自己，而是属于每一个美国人。在喷气推进实验室工作的大部分时间里，我仅仅将注意力集中在手头的项目和我自己的任务上面。在华盛顿那天，我的任务就是向宇航局提议一种独特的飞行器着陆结构，这种结构异乎寻常，它可能会最终成为这间博物馆的纪念品，永远留在这个国家的记忆当中，但前提是它能够发挥应有的作用。

但在投入使用之前，我们首先要获得宇航局的批准。

如果格里芬否决了我们的方案，我们该怎么办？我和理查德讨论了这种可能性。在迫不得已的情况下,我们可以重新使用腿式着陆器。这会让着陆器只能在较平坦的地点着陆,并迫使我们缩小火星车尺寸,而且会面临 EDL 过程中的更大风险;但如果我们不得不这样做的话,我们也能够适应和接受这种局面。

所以说,"天空起重机"方案是否获批并非一件生死攸关的事情,但我们的确认为天空起重机是最佳解决方案。我们一直在寻找真理,而这正是真理、工程判断力和第六感引导我们所要到达的地方,尽管这种引导方式看起来有点怪异。

第二天早上,我们在 9 点前来到了宇航局总部;到了 9 点整,大约有 30 人在一个装有很多显示屏的小型阶梯教室里集合,包括艾姆斯研究中心、兰利研究中心、约翰逊航空航天中心等宇航局八大实地测试中心都要参加这次会议。喷气推进实验室主任查尔斯·埃拉奇(Charles Elachi)出现在其中一块屏幕上,而米盖尔就站在他旁边,他们将通过视频给我提供必要的帮助。

9 点 10 分不到,迈克尔·格里芬和两个手下走进了会议室,坐在为他们预留的第二排中间的位置上。格里芬穿着一件高领套头衫,外加一件夹克衫。我记得我当时是这么想的:在这个场合穿着这么一套衣服,看起来和 007 电影中的反面人物没什么两样。唯一的问题就是地板会不会卷起来,出现一个专门为我准备的鲨鱼池①。

格里芬以常见的方式作为开场白。他首先感谢了来参加会议的所有人,然后他转身仰望成扇形分布在身后的观众。"当我听说他们为这个项目设计了一种着陆结构,"他继续说道,"我说:'这听起来很疯狂。'所以,我请他们来解释一下这个结构。"

他的语气很友好,但鉴于当时情形,我不由自主地感觉到他的话中

---

① 此处借用 007 系列电影的故事情节。——译者注

带有一丝挑衅。

接下来,我感受到现场充满了他们所谓的"饱含不安的沉默"。然后,他看着我,对我说:"那么,施特尔茨纳博士……"

我走上讲台,调出第一页幻灯片,然后开始讲解。喷气推进实验室代表团的其他成员坐在我左边的观众席中,这让我觉得很安心;但我很快就意识到,这次会议将要变成类似于在最高法院面前的一场言词辩论。无论我准备得多么天衣无缝,我的发言随时都可能被别人打断。

我说了还不到一分钟时间,迈克尔就用第一个问题打断了我的发言。在为我们的决定寻找依据的过程中,我已经反复思考过其他选项的局限性。我坚信,当火箭喷焰从凹凸不平的地表向上翻腾时,腿式着陆器会受到未知压力的冲击。

"自动导航可以解决这个问题。"迈克尔说。

"呃,带宽是个问题,"我说,"这无疑会带来验证和确认问题。"

"不,"他说,"新式自动导航可以解决这个问题……"

我不赞同他的观点,因为这个问题取决于很多因素。火箭喷焰所产生的干扰有哪些特性和功能相关性?控制器带宽能解决哪方面问题?在我看来,这可不是一个"自动导航"可以解决的简单问题。

为了回答类似拷问,我的演讲暂停了好几次。我该怎么办?继续演讲还是深入辩论?我突然意识到,就算我赢得了与宇航局局长之间的辩论,这样的胜利也没有任何意义。我们来这里的目的是为了让宇航局批准我们一个非常大胆的方案,这才是最重要的。当我们知道要来这里对项目方案进行说明时,我彻夜难眠的原因可不是为了与别人逞口舌之快。我们整个团队已经为这个方案进行了多年研发,它已经获得航空航天公司审核委员会和我们 EDL 评审委员会的批准。对于迈克尔来说,这个方案是全新的,但我们已经对该方案进行过全方位的考量,并且想办法改进了方案中的不足之处。因此,我不再继续跟他争辩，因为应该胜出的是思想，而不是人。于是，我继续讲解我的幻灯片。

我们的会议一共进行了 90 分钟。当我继续演讲时，迈克尔越来越少打断我的发言，而从他脸上的表情判断，我猜测他仍然对我们的方案不太感兴趣，只不过他还没找到我们方案中的致命缺点，所以他没办法要求我们放弃该方案，于是他改变策略，采取既不否定、也不支持的策略。

我讲到最后一张幻灯片，做完总结，然后停止发言。

礼堂里又是一阵饱含不安的沉默。随后，迈克尔说："非常感谢。"他又像演讲开始前那样半转身，然后抬头看着阶梯教室。他的目光环顾教室片刻，然后，他终于以一种在我看来像是无可奈何的语气说："我还是觉得这个方案太疯狂，但也许它是可行的，这种疯狂也许是恰到好处的。"

在此之前，"天空起重机"方案其实并没有得到宇航局其他研发中心的垂青。每当我请他们伸出援手时（比方说，请求借用格伦研究中心的大型真空实验室），我总会得到一个不冷不热的答复。尽管他们的态度很友好，却回答得模棱两可、拖拖拉拉。我认为他们每个人都是这样想的：这个方案肯定通不过评审，那我们又何必全力以赴做这件事情呢？现在，随着迈克尔通过视频连接在每个研发中心主任面前一锤定音，所有人都想参与进来。老大已经发话说我们要做这件事情，说明这个方案已经得到他的认可。突然之间，我们可以使用我们想要的任何资源了。

迈克尔和他的两名助手站起来，然后对我微微一笑，笑容中既带着愉快，也仍然有些许的怀疑，似乎在对我说："好吧，你得偿所愿了……现在你得兑现承诺了！"

高官们很快就退场了，其他人则围了上来，有些人甚至从楼上下来祝贺我们。

这些人当中就有李复国。我之前提到过,李复国是一个喜怒不形于色之人,这是众所周知的。

他站在倒数第一节阶梯上,这样,我们的视线能够保持平行。

"亚当,"他说,"干得漂亮。"

但他并没有跟我握手。

然后,他又接着说:"我想给你一个拥抱。"

于是他真的拥抱了我。

我们的方案通过了审批,现在,我们要做的就是把该方案付诸实施。我们还有一些方法完成 EDL 过程。当时,我知道我们面临着一些挑战,但我真的不知道这些挑战来自何方。我们还是要研究如何才能通过平衡调整片或其他手段获得托举力。我们要继续钻研降落伞问题,因为我们似乎一直在降落伞问题上纠缠不清。但在那个时候,我根本不知道这个问题有多难,让火星车直接着陆的挑战性有多大;此外,当我们设法消除火星的环境风险因素时,从某种意义上来讲,我们以一种无比复杂的方式将那些风险因素纳入了我们的着陆系统之中,我们对此也无法察觉。事实将会证明,迈克尔让我们放手去做的事情比我们任何一个人想象中的都要多。

在我刚开始从事"火星科学实验室"的 EDL 研发工作时,我曾想过使用双降落伞方案。首先,借用"海盗号"项目中使用过的超音速降落伞设计打破初始下降速度;然后,使用我们专门定制的亚音速降落伞。从一开始我就觉得,如果我们完全照搬"海盗号"的飞船减速设计,把它用在一艘与"海盗号"完全不同的飞船上,那我们简直是疯了。不止我一个人有这种看法。比如说,从宇航局兰利中心加入喷气推进实验室的优秀工程师鲍勃·米切尔特里博士也赞同我的观点,即"海盗号"的降落伞设计和尺寸实在太小了,不适用于我们这艘体积比"海盗号"大得多的飞船。他一直在开发另一款体积更大的亚音速降落伞,在上一顶亚音速降落伞把飞船速度降低之后，这顶降落伞就会投入使用。他已经投入数百万经费对降落伞进行测试，但他仍然认为我们没有找到正确的亚音速降落伞尺寸。

尽管如此，这是"尊重人性"的另一种表现，即当人们的想法行不通时，要给予他们足够时间达成妥协。

很多非常优秀的工程师都极其赞同双降落伞方案，所以我们举行了几次设计团队会议。在会议上，我提出了一个基本论点，即双降落伞不是一个合理的解决方案，该方案所缺失的一个重要关联点就是运载工具尺寸和降落伞尺寸之间的关系。会议室里的每个人都能理解我这个观点的逻辑，也明白我说这番话的意思，但我从来没有直言不讳地说："这个双降落伞方案没有用。"相反，我们安排在几周后举行一场决策会议。结论是显而易见的，但这样的会议能给人们足够的时间去想清楚这种变化。

剩下的问题就是，我们当时提交给委员会的单降落伞方案中的那顶降落伞实在是太大了，它引起了人们对其他方面的担忧。

"海盗号"降落伞的直径是 16.1 米，而我们打算把它扩大到 21.5 米，也就是大约 15% 的增幅。我们 EDL 评审委员会的一些同事担心这样的增幅足以改变降落伞的基本物理特性。流体力学的统御方程式却显示出与此相反的结果，但我们没有绝对把握，因为我们无法进行真正有效的测试。

我们打算在飞船速度达到 2.25 马赫（即大于两倍超音速）的时候打开大降落伞。假如我们在地球大气层内以如此快的速度打开降落伞，降落伞会立刻被撕得支离破碎。火星的温度和大气密度都与地球很不一样，它们能对降落伞的空气动力学性能产生巨大影响。在地球上模拟火星大气条件的唯一方式就是从不小于 13 万英尺的高度以两倍音速的速度释放测试用的降落伞。此外，为了模拟飞船效果，释放降落伞的物体尺寸和形状应该和飞船相类似。在地球大气环境中进行上述测试并非不可能，但成本高得吓人。

"火星探路者号"使用的降落伞是改良版的"海盗号"降落伞，但尺寸要稍微小一点。他们进行改进的目的是减少降落伞在最终下降环境下的摇摆幅度，或者说，他们认为能达到这样的效果。这种改进似乎很有帮助，但最终效果尚未明朗。

我曾主张将"火星探测漫游者号"的降落伞尺寸加大一点，而当我研究过"火星探路者号"的前期测试流程之后，我得出这样一个结论：他们并没有达到一直所追求的精准度和把握度。

在 20 世纪 70 年代，"海盗号"项目花费 1 亿多美元对各类降落伞进行了一系列超音速和亚音速测试。他们用高速摄影机录下这些降落伞的表现，结果，这间接催生了后来众所周知的"海盗箱"（Viking Box）曲线图。该曲线图的一个坐标轴显示的是动态压力值，另一个轴显示的是马赫值，该曲线图界定了打开降落伞时的参数值，这些参数被认为是安全的。从 20 世纪 60 年代末开始，工程师们就一直把"海盗号"测试过的马赫值与动态压力值所形成的区域以外的空白处视为"怪物出没"的未知领域。

这些注重书面测试结果的工程师尤其喜欢言必称"海盗箱"曲线图，但该模型只能说是精确，而不能说它是正确的，人们很容易混淆这两者之间的区别。我很讨厌"海盗箱"曲线，而且不允许任何人的工程图纸上出现"海盗箱"曲线。我希望我们能把所有测试数据都考虑在内，而不仅仅是"海盗号"测试结果。我不希望我们把"海盗箱"里面的参数当作"安全"区域，而把该区域外面的任何事物都贴上"死亡地带"的标签。

当我们在分析与 EDL 相关的问题时，我们使用的关键工具之一便是蒙特卡罗分析法（Monte-Carlo），即我们进行上万次运算，看看各种物理随机过程是如何改变轨道结果的。在降落伞案例中，这些分析方法给我们一个打开降落伞的条件范围，然后，我们要基于工程判断得出自己的结论。

我们想绘制出降落伞打开条件的云图，然后把这些条件与我们手头上的测试数据进行对比，而不仅仅与"海盗号"的测试条件作比较。有了所有测试的细节后，我们可以探讨实际结果，而不是被迫接受"海盗箱"当中由这些结果导出的一个据说能代表安全区域的模型。"海盗箱"模型中的世界过于简单，而且坦率地讲，由于我们的火星车体积巨大，其必然要在"海盗箱"以外的区域运行。

我们调出了"海盗号"和其他项目的测试数据，把这些数据所涉及的范围与我们的开伞"云数据"（即我们预期中的数千种开伞条件）进行校正，从而建立了一个真正意义上的风险模型。我们开始根据基础物理学和逻辑推理提出我们的观点，即无论在超音速还是亚音速条件下，充气后的降落伞形状基本上都是一样的；因此，它们所承受的应力也将是一样的。尽管原来的"海盗箱"对我们帮助不大，但它的基本原理也许能帮到我们。

帮我把这个设想推介给评审委员会的人是胡安·克鲁兹。我在之前提到过，他是兰利研究中心的空气动力学专家，曾来到爱达荷州博伊西市帮助我们对"火星探测漫游者号"进行测试。胡安是波多黎各人，留着一头红色的胭脂鱼发型①；尽管发型怪异，但他是一位典型的工程师，至少他喜欢把所有数据铺在桌面，而不使用工程师通常认为"市场营销人员"才会使用的数据挑选和成型法，并嘲笑这是"华而不实"的方法。

我们是根据基础物理学提出观点的，而且我们有所有原来的测试数据作为支撑，而不仅仅是来自"海盗箱"的数据。"海盗号"留下了一

---

① 一种男士发型，前面和两侧的头发短，脑后的头发长。——译者注

组可改变大小的降落伞直径与飞船直径比例,而其他测试其实是以更高的马赫值和在不同压力条件下完成的。这些都足以说服所有人。

在评审委员会面前,我让胡安进行了大部分发言;到午饭时间的时候,似乎每个人都赞同了我们的观点,但胡安带来了几段过去"海盗号"的测试视频,他想让委员会看看这些视频。

产生"海盗箱"参数的测试视频其实已经遗失了,胡安手上的是"先兆"视频,展示了一些超出试验条件的怪异现象。有些视频显示降落伞以大于 3 马赫的速度打开,并在随之而来的大气摩擦中熔化。这些景象与我们将要面对的环境或我们设法要创造的条件毫无关联,它们看上去太吓人了,因此,胡安不应该拿到评审委员会面前展示。

此前,我曾浏览过胡安的幻灯片报告,但出于某种原因,我任由他把这些视频放到报告中去,而没有进行仔细检查。我当然没想过探讨它们的潜在含义,也没有想过讨论它们将产生的影响,而这些影响能让评审委员会成员吓得尿裤子。

在午餐之后、筛查工作开始之前,评审委员会流露出一种令人感动暖暖的信心感。在筛选结束后,他们要求我们进行更多测试,以便为我们的论点找到更强有力的支撑。他们刚刚从视频画面中看到降落伞在高空超音速测试中四分五裂,他们可不管那些失败的测试是否与我们要证明的论点或我们使用降落伞的情形有任何关联。这些测试条件与我们所面对的条件全然不同。我们知道这个测试的结果,更知道我们完全无需担心导致这些测试失败的现象会发生在我们的降落伞上。

播放这些毫不相干的恐怖视频是一种"自揭伤疤"并导致交易失败的典型案例。技术人员有时候会在这方面招惹麻烦,但如果只报喜不报忧,恐怕也很难在评审委员会面前蒙混过关。

光说真话是不够的,尤其是只说真话、不说假话更是不行。我们还要知道自己在说什么、为什么这样说,并为自己所说过的话和旁人听到我们的话以后造成的影响负责。真相不仅仅是我们可能知道的、与某个特定话题相关的所有事实的总和,它还意味着了解这些事实、有效性以及每个事实背后的真正意义,而为这些东西负责是为了有效地传递真理,而不仅仅是陈述事实。

所有公开的事实都有办法掩盖真相。同样地,只表述过多事实,但不帮助倾听者理解哪些事实重要、哪些事实不重要的做法,也是不负责任的。如果一个人想真正地表述重点,他必须对事实划分优先顺序,去粗存精。不可否认的是,这个精挑细选的过程使挑选者陷于一种危险的境地。换句话说,如果我们不清楚自己的动机和最终意图,我们可能会以欺骗、摆布他人甚至是具有破坏力的方式掩盖或歪曲真相。

每当我给工程师提出建议、告诉他们如何解释事物的时候,我通常会说:"有时候,为了表述事物的本质,你得愿意歪曲事实。"这种话估计会引起人们的痛苦和焦虑感。没错,我正试图引出这样一个问题:"他会对我撒谎吗?"我当然没有这样做,但我确实想让人们感觉自己应该受到谴责,仿佛他们正在撒谎似的。我希望他们明白一点:为了实现真正的交流,我们不但要为事实的有效性承担个人责任,还要为传递这些事实背后的真相负责。

最终,由于我们没有对真相进行过滤和分类,我们可能要再花两年时间和 1000 万美元来证明我们是正确的,但主要还是为了消除那些令人迷惑的形象所带来的精神痛苦。

我们要回答的根本性问题是这样的:当我们的降落伞长度比例与"海盗号"一样,实际尺寸却比"海盗号"大的时候,同样的物理定律还适用吗?也就是说,适用于降落伞的物理定律是否会随着降落伞的大小变化而改变?

物理学的基本规律认为,物理学应该已经达到顶峰,不应该有让人感到意外的事物。但是,评审委员会想要的是确凿的分析结果或测试数据。可麻烦之处在于,这个问题完全不在计算机可以计算的流体力学技术水平范围之内;因此,我们面临的一个额外挑战就是悄悄地加强自己对这个问题的理解,而不必在分析技术领域寻找突破点,因为这些技术已经非常先进了,足以用几篇专题论文来进行论述。

我们回到格伦研究中心和艾姆斯研究中心的风道,做了一些小规模的超音速测试。我们做了几个降落伞的刚性模型,牵引着跟我们飞船尺寸和形状差不多的物体,然后开始测试。通过这种方法,我们能够让气流变得可视化,看到飞船的尾流与降落伞受压区域的相互作用现象,并看到这种气流是如何对降落伞进行加压和减压的。对一顶有弹性的降落伞来说,该气流会导致它垮塌和再度膨胀,或可能只是垮塌,又或者我们会看到这个垮塌和再度膨胀的过程把降落伞撕碎。实验的结果几乎没有不让我们担心的。

当飞船以超音速飞行时,气流会经过飞船,进入到降落伞中。但是,随着空气补充过来,飞船使气流慢了下来,甚至让一些气流停止流动,空气就这样混合起来,飞船正后方延伸至降落伞的一小片区域的实际前进速度是低于音速的,这就产生了一个亚音速尾流区;在这个区域内,气流移动速度很慢,气流扰动可以从中通过。

因此,当我们的太空舱穿过火星大气层时,它在压迫正前方的空气;可如果它以超音速移动的话,那些压力波将无法逃离,它们会挤成一团,变成冲击波。当太空舱以超音速降落时,还意味着信息无法向上游移动,因此,飞船和降落伞都会产生冲击波。降落伞信息和气流的变化无法向前移动并直接与气流舱进行互动。

但是,在飞船正后方移动速度较慢的亚音速气流区(即亚音速尾流区),包括气压在内的信息可以上下流动;因此,来自降落伞的高压可以将这个区域内的亚音速气流挤出去,使降落伞内部失去压力。压力降低后,尾流也消失了,降落伞又重新充气,这个过程又会循环一遍。

在风道里,我们用刚体模型来理解这些基础物理学原理。如果降落伞以极快的速度(2.4马赫以上)打开,这种尾流逆差只会一直长时间跟在飞船后面,直到速度较低的气流最终恢复成超音速气流。换句话说,飞船速度越快,亚音速尾流区就越短。最后,如果飞船的速度足够快(再次高于2.4马赫),亚音速尾流再也不能变回降落伞弓形冲击波;从空气动力学意义上讲,飞船和降落伞此刻已经分离,降落伞再也不会塌陷了。

当年,在对"海盗号"降落伞进行测试时,速度超过1.5马赫就出现了这种现象;而我们的小规模风道测试在速度达到1.5马赫时就出现了同样的现象,并且在速度达到2.4马赫时这种现象就消失了。因此,在很大程度上,这些测试只是用一个缩小的模型验证了几年前用实物模型做测试时得出的结论而已。我们所做的事情只是让我们更有信心地说出我们从一开始就说过的观点,即:无论降落伞的尺寸是否变大,其物理原理都是一样的。

对我来说,这次"自揭伤疤"的经历让我们又花了两年时间去做了一次毫无定论的测试,而这次测试加深了我们对律师课程中教授的信息控制理论的理解:我们不能问一个自己不知道答案的问题,辩论成败与否取决于陪审团能看到哪方面的证据。

接下来,我们还要解决雷达问题。我们已经选择重新开发一款雷达。该雷达有5道锐方向性波束,每道波束宽度为极其狭小的3度。我们喜欢这种窄波束的原因很多,其中最主要的原因就是它与火星地形的互动性非常好。宽波束会反馈一个奇怪的下方距离平均值,也就是说,在崎岖的火星表面,宽波束可能会产生一些起误导作用的读数。

从山上往下看,宽波束会反馈给我们许多与山周围地面相关的信号。当波束距离山顶越来越近的时候,它开始提供越来越多信号。突然间,当我们认为自己在地面以上几百米时,我们会发现,我们距离地面也许只有十几米而已。当然了,这可能是一件极其危险的事。

　　我们喜欢窄波束的另一个原因是它们更容易放置天线。我们的飞船实在是太拥挤了，当我们想在飞船下降阶段在火星车上方、后壳下方安装一个雷达的时候，我们花了很长时间研究怎么把装备塞进去，还是很难找到一个能让雷达天线指向的地方。我们的雷达天线看上去就像很多小小的餐盘，它们发出类似于手电筒的光束，而这些光束只有人的肉眼才能看到。我们之所以喜欢窄波束，是因为我们认为，当火星车朝火星地面下降时，火星车的轮子会在后壳下方伸出来，我们能让这些波束从轮子之间发射出来。但我们接下来意识到，在近场模式下，甚至连这些锐方向性波束在一开始的时候也不是窄波束。在近距离条件下，这些光束是非常宽的，这意味着如果它们要在车轮之间发光，它们就会碰到轮子，光束可能会从车轮反射回天线上。这样会让雷达受到"蒙骗"，就像是用手挡在手电筒光束面前一样。

　　我们不得不重新思考这个问题。反射干扰这个问题的解决方案就是在火星车接触到地表之前，使车轮尽量长时间地保持收缩在火星车中，并使火星车尽量晚一点在天空起重机内开始移动。我们还要设置两根特殊的天线，当"好奇号"在天空起重机的操纵下降落时，这两根天线的指向是背离"好奇号"的，这意味着在初始下降阶段有四根天线，而在天空起重机阶段有两根天线。

　　我们的原计划是在火星车脱离降落伞之前打开轮子，这时候我们有好几分钟时间从容地完成这项任务。但现在，我们堆积了越来越多不得不在天空起重机阶段进行的活动，而这些活动都是在 EDL 阶段的最后几秒钟完成的。每一种变化都需要花钱，而且每一种变化都隐藏着潜在的风险。

　　关于最后一刻使用轮子这个问题，我们想到的方法就是只依靠重力让轮子快速下降。但是，包含轮子的行动系统承受得了那种快速下降和与地面的猛烈冲击力吗？

问题就在于所谓的"感知加速度",即火星车的表观重量取决于天空起重机下降绞盘的机制,也就是所谓的"缆绳(Bridle)、地面缆绳及管道(Umbilical)、下降限速器(Descent rate limiter)系统",简称 BUD。BUD 是连接在一个电动马达上的卷轴,电动马达则连接在一束电阻器上。重力拖动缆绳,缆绳让马达快速旋转,马达产生电阻。如果我们马上放下所有车轮的话,这些轮子将处于失重状态,就像老式电梯开始下降的那一刹你的感觉一样。不过,张开轮子的动力将会成为另一种动力的输出方式,也就是绞盘抵抗地心引力的表现;这个过程形成了一种不确定性,让我们不知道火星车将对急速下降和绳子的急拉做出何种反应。

火星车机械系统负责人克里斯·沃赫斯(Chris Voorhees)注意到,我们的标准要求之一就是我们在太空的所有 EDL 部署都要在地球上进行测试。鉴于地球重力比火星重力大得多,如果我们在地球上测试火星车的机动性或起落架,所有事情都水到渠成的话,那么,无论 BUD 如何调整,也无论其存在多少不确定性,这个系统必定十分牢固,足以胜任在火星上的工作。由于我们 EDL 团队承担了一项在地球上进行的测试,而这项测试会要求起落架满足更苛刻的要求,所以我们从不制订火星车加速度规格及其从 BUD 降落时不受损的明确要求。

但接下来,正如很多事情通常的发展轨迹那样,克里斯开始忙于其他事情(我觉得他在忙取样系统),他把行动系统交给了火星车团队的另一名工程师负责。这名工程师没有真正认识到车轮强度在我们这阶段着陆过程中的重要性,或者没有完全理解我们 EDL 小组的"在地测试"要求。因此,她并没有与着陆小组交流,而是请求放弃测试。她没有注意到潜在影响,而只是要求我们进行了一次弹道分析,然后问道:"你们认为行动系统还要加载什么东西?"

当我听说这件事时,已经是 6 个月以后了,车轮的很多部件和悬挂系统已经设计或制造完毕,而这种设计和制造不是基于来自"在地测试"所获得的荷载估算数据,而是来自飞行轨迹模拟数据。尽管该估算数据是正确的,但它没有完全包含我们在飞行过程中可能遇到的所有荷载——确切地说,由于下坠和急拉所产生的荷载。这让我们处于一个极其危险的境地中。

结果,在项目后期,我们不得不做大量复杂的非线性应力分析和失效模型测试,以证明最终依赖于火星车轮的着陆系统能够正常工作。做完分析和测试之后,我们确信我们的系统是适用的,但并没有我们最初计划的那样结实。

我们之所以会陷入这个困境,不仅仅是因为我们以错误的方式提出了一个问题,还因为提出和回答这个问题的人对将要使用的信息缺乏必要的洞察力;他们对于眼前的困境缺乏本能联想,而这种联想有助于产生必要的洞察力。他们只是想着车轮的作用是在火星表面行进,而没有想到轮子和起落架支柱会遭受下降和急拉的冲击。

这种沟通失败在任何组织当中都是一个相当典型的问题。即使那些基本的、关键的信息被写了下来(在上述案例中,我们连这件事也没做),通常也会在随后的决策中被遗忘,因为无论在组织距离还是在时间距离上,这种决策都远离了该关键信息被发现的时间和地点。

在一次没有要求着陆团队代表出席的会议上,有人提出放弃"在地测试"要求,而在这 6 个月之后,我们才发现我们在沟通环节的失误。还有一个更严重的问题就是,负责起落架的火星车行动团队认为自己是地面任务的一部分,而不是 EDL 任务的一部分。他们知道自己的工作包含 EDL 元素,但从来就没有人让他们感觉自己是 EDL 的一分子。这在那些理解"在地测试"要求重要性的人和那些不想做测试的人(或要求不做测试的人)之间形成了一种隔阂。在决策过程中,这个关键要素已经遗失了。

　　有些人或许听过这个故事,并将问题归咎于缺少归档文件。他们说得没错,但这不是我得到的教训。我认为,让一个团队真正抓住手上任务本质的唯一途径就是团队所有成员在智力上和情感上达成共识。一个更有凝聚力的团队可能会觉察到这种隔阂。我从这次错误中获得的一个教训就是:我们不但要找到团队每个成员身上最让我们喜爱的地方,还要把这种喜爱向四面八方延伸到你依赖的其他部门人员身上。

　　我本该对火星车设计团队的车轮小组说:"你们就是我们的起落架,所以你们要和我们一起开会,协助我们解决问题。"而他们也应该表达同样的意愿。可惜我并没有这样做,他们也没有这样做。这是系统整合的理想状态:凝聚力较强的团队会更高效地交换信息,而且显然更以团队内每个人的利益为重;他们会更好地相互照应,从而照顾到整个项目的首要利益。

　　这个问题还凸显了这样一个事实,即沟通比提出貌似恰当的问题并获得貌似恰当的答案有着更深刻的作用。我们要认真对待我们一直强调的深层次真相,也就是事物的本质,还要在一定背景下连贯地把这种真相与别人分享;否则的话,我们会受到各种错误的影响,在事后才觉得这些错误是完全可以避免的。

　　再说了,我的职责是确保每个人都能适当地参与到沟通中来;如果他们没有这样做,那就是我的错。尽管如此,我们还是面临着结构性挑战。我们的工程技术工作是彼此孤立的,有一名经理负责火星车的研发,而另外一名经理负责火星车的发射、航行和 EDL,这不利于我们彼此间的沟通。负责火星车机动性能的技术人员要向一名不把 EDL 作为明确工作任务的经理汇报,结果,他们只是一门心思地为车轮在火星上如何工作这个问题而犯愁,而不是担心车轮在降落火星的途中如何运行。

　　这一切的解决方案就是,我们在组织架构上的优势通常比我们受到的好评要多。当我们要真正破坏某种金属制品时,通常要先使它弯曲变形,然后它才会彻底地折断。实际上,当该制品的某一个部分发生极其轻微的弯曲,而且这种弯曲用肉眼几乎觉察不到时,我们通常也会认为这部分已经"破损"了。最终,我们告诉自己:尽管这些部件轻微弯曲,但它们还是能正常工作的。我们用一个液压油缸来考验火星车机动系统,复制机动系统受到急拉和卡入到位的情形,它完全符合我们的预期;实际上,它改变了我们对该系统在飞行过程中遇到的最坏情形的看法。我们的结论是,这套系统没有问题。通过这种做法,我们基本上已经全力以赴,没有留下任何余地。

有时候,当我们在辛苦地开发某个项目的时候,问题会不断地涌现,一个接着一个,就像雨点般的拳头落到被逼到围绳的拳手身上一样。这就是我们在"火星科学实验室"项目的这个阶段所遇到的状况。我们不但要解决如何提供托举力、是否使用平衡调整片、我们世界最大的超音速降落伞是否能发挥实际作用或者火星车在着陆前如何安全打开起落架等问题,还要解决一个重要问题,即我们火星车的巨大尺寸意味着飞船在以 13000 英里/小时的速度进入火星大气层的时候,它由摩擦产生的热量比以往的飞船要高得多。

"火星科学实验室"使用的气动外壳将是人类航天史上穿越大气层时使用的最大钝体气动外壳。飞船的尺寸也会比以往更大,但飞船飞得越高,降落时的速度也就越快。从近地轨道下降时,飞船的飞行速度不像从其他行星轨道下降那么快。"阿波罗号"从月球返航时的速度很快,但它的体积比较小。

当飞船体积非常大、速度非常快的时候,我们在技术层面就会面临许多挑战,其中一种挑战就是流经隔热罩的气流变化方式取决于隔热罩的尺寸。隔热罩尺寸越大,涡流就越大,混合着从隔热罩远端流入近端热保护材料的炽热气体。

鉴于飞船体积巨大,我们知道,我们所面对的热保护挑战将比此前的火星探险任务更有难度。但我还是希望我们能利用在"海盗号""火星探路者号"和"火星探测漫游者号"上成功使用过的热保护系统。我们把这个系统称为TPS,而且我还想使用我们之前用过的橡胶状软木材质SLA-561-V。我想使用该材质的理由之一是,我们知道它在此前"海盗号""火星探路者号"和"火星探测漫游者号"所遇到的过热环境中表现出色;而另一个原因就是,人们认为我们将要遭遇的加热环境会十分恶劣,但我对此表示怀疑。

空气动力热环境是一个复杂的工程系统,对其进行分析的过程是充满不确定性的。每一种不确定因素都像路上遇到的一个转弯或十字路口,工程师会选择更保守的路径;也就是说,他会在每一个关键时刻假设出现最坏的情形;然后,下一个环节的工程师也会做同样的事情,同样假设最坏的情形。

因此,我怀疑我们隔热罩的气热环境没有他们假设中的那么恶劣,而且我希望能够说服我们团队中的气热领域专家抛弃固有的保守态度。尽管"从理论上说",我们所面临的气热温度比以往要高得多,但我还是努力劝说他们将久经考验的SLA561-V作为我们的隔热TPS。

2007年6月,我们在喷气推进实验室的冯·卡门礼堂召开了CDR会议(即"关键设计评审会议")。在这种评审会上,我们应该知道每一个部件都能正常运转,我们要做的只是把它能够工作的原因详细描述出来。而就在这次会议上,关于隔热系统的争论达到了高潮。

我站在礼堂舞台的讲台上,在项目审核委员会和几百名观众面前讲解幻灯片和回答问题。我用事实向在场观众证明,我们的TPS材料SLA561V符合我们的需求,而且我们已经在最严苛的环境下做过测试,该材料表现优异。

正当我在做总结的时候,我口袋里的手机响起来了。有人在不断地给我打电话,铃声分散了我的注意力,让我有点恼火。我团队的每个人都知道我当时在哪里。

做完幻灯片演讲之后,我离开讲台和聚集在礼堂里面的 150 多名观众,走到礼堂外面,看看谁这么急着找我。原来,这个人是来自旧金山湾区(San Francisco Bay Area)艾姆斯研究中心的詹姆斯·鲁德尔(James Reuther)。他是我的 EDL 小组评审委员会的成员之一,也是气热分析和 TPS 方面的专家。与此同时,他还负责一个被称为"猎户座计划"(Orion)的人—机联合登月项目的隔热罩前期研发工作。他们一直在研究 SLA561V 这种材料,测试其将宇航员从近地轨道带回地球的能力,但近地轨道的条件没有火星环境那么极端。他们曾将 SLA561V 放在中等温度环境下进行测试,可尽管如此,我一直提倡使用的这种材料却挥发掉了。

这可不是一个好消息。

我问詹姆斯:"样品在测试中究竟发生了什么情况?"

"我们也不清楚。有那么一段时间,材料运行良好,它产生了一个角化层,然后就开始消失了。"詹姆斯说道,"我们是在中间状态下进行测试的,甚至没有用最严峻的加热环境进行测试。"

我在冯·卡门礼堂前面来回踱步,尽管我内心感到惶恐不安,但我还是想找一个保持冷静的理由。我刚刚还在礼堂里面信誓旦旦地告诉项目评审委员会,我们用于穿越火星大气层的 TPS 隔热材料没有任何问题。

光敏树脂(SLA)被包裹在一个蜂窝状载体的孔内,这是标准化操作流程。但詹姆斯说"猎户座计划"团队想用薄一点的光敏树脂,所以他们把光敏树脂切薄,让它两面都能用。这意味着它们的条件有些许差异。也许它们只是有点变质了,至少我是这样希望的,但我还是得测试过再说。

我们团队又重新按规格定制了一批新鲜的 SLA561V，并把它们带到位于俄亥俄州的阿诺德（Arnold）电弧加热实验室。在实验室加热后，同样的事情发生了。在极端环境下表现优异的同一种材料却在温和的气热条件下挥发了。我们进行了一次又一次测试，每次它都会挥发殆尽。

我们决定做最后一次测试，设法重现"猎户座计划"在艾姆斯研究中心使用我们自己光敏树脂材料的测试结果。当然了，这个测试很可能只是重复"猎户座计划"的数据，但我们不得不一而再、再而三地反复测试，因为如果这个结果是真的话，那这个消息对我们来说无疑是一个噩耗。

电弧加热实验室其实是一个风道。在这个风道里，我们可以将一股直径与一个比萨饼大小相同的气流吹入一堆电弧中，产生一股温度极高的气体，它能够重现隔热罩在穿越大气层时会遇到的高摩擦空气动力学环境。

我们前往艾姆斯的电弧测试场，我要亲眼目睹测试过程。在风道里有一扇小小的石英窗，我们可以戴着特制眼睛在窗后观看测试过程。我凝视窗外，看着我们的 TPS 样品不断升温，并发出白色而炽热的微光（这属于正常现象）；我看到样品顶部开始稍微熔化，变得越来越柔软，并且开始涌动（这也属于正常现象）。然后，它仿佛被下了诅咒似的，突然间就消失不见了。它就这样消失了。那个被包裹在蜂窝结构中的光敏树脂样品似乎完全销声匿迹了。如果在火星上发生这种状况，那我们就完蛋了。从那扇石英窗望出去，我仿佛看到这个项目就在面前夭折了。

走出艾姆斯中心电弧测试场之后，我有点手足无措。我拨通了理查德和马特的电话，对他们说："嘿，伙计们，我们得换一种热保护材料了。"

现在,距离我们的原定发射日期还有两年时间,而我们还是不知道我们该用什么材料来保证我们的飞船不被焚毁。于是,我们开始手忙脚乱地同时尝试各种选项。我向团队引荐了一位名为埃里克·斯林柯(Eric Slimko)的专家,他成为攻克这个难题的关键性人物。我们列出了一个清单,把我们可能用得上的材料都放入清单中。

当我们浏览清单上的项目时,我们知道,我们做研究的时间是非常有限的;因此,我们能想到的一个问题就是:"我们手上所掌握的信息最能解决哪些难题?"

正如我之前说过那样,工程技术追求的通常不是绝对正确的方法,而是相对正确的做法。有时候,由于时间紧迫,你不能奢求绝对最佳的解决方案。在类似情形下,你要在业绩和现实更大的确定性之间寻找平衡点;而在我们这个案例中,这种更大的确定性就是 PICA 隔热材料。

PICA 是"酚充填碳烧蚀材料"的英文简称。在 2001 年启动的旨在研究太阳风的"创世纪号"(Genesis)取样返回任务中,PICA 就被用来制作飞船上的一个小型隔热罩。它通常以单个模塑单元的形式出现,尺寸大约有一张双面桌子那么大。但是,由于"火星科学实验室"飞船实在是太大了,没人能把 PICA 做成一个足够大的单一个体,所以我们打算把它用作片状材料。

"猎户座计划"团队在策划人—机联合登月任务的过程中已经考虑过片状 PICA 材料的可能性,他们十分担心片材之间的缝隙和干扰问题,所以,他们打算放弃这种材料。不过,这种材料本身还是很有前景的。

我们手上有着大量关于这种片材的测试数据,由于其结实牢固的特性,它不太可能出现光敏树脂材料在温和环境下所展现出的复杂行为;而且与光敏树脂不同的是,PICA 材料是由两种物质,而不是几十种物质组成的。这一点非常吸引我们,因为光敏树脂让我们感到惊讶的是它没有在极端环境下失效,反而在可能出现的温和气热条件中消失了。工程师们喜欢把这种现象称为"非线性行为",也就是它没有表现出简单的一对一关系。我们需要一个简单的、不会给我们带来任何意外的 TPS 解决方案。PICA 也有其缺点,即它的能力已经超越我们的真正需求,而这是以它的过重体积为代价的。但是,它的可预测性又刚好符合我们的要求,而在当下,可预测性正是我们的最大需求。

于是,我马上和几名同事一起坐飞机前往缅因州普利茅斯市(Plymouth),去参观 PICA 材料制造商美国纤维材料公司(Fiber Materials Incorporated),并了解把 PICA 制成片状材料所产生的风险。如果我们取得进展,我们就要采购能装满两大屋子的 PICA 片,而且我们后天就要用到这些材料。该公司说服了我们,让我们确信这些片状材料能解决我们的问题。

将 PICA 材料采购回来之后,我们对片材进行机械加工,并让洛克希德·马丁公司的技术人员把片材整合到隔热罩上面。正常情况下,这种从零开始设计一个全新 TPS 的工作要花 18～24 个月,而我们只用9 个月时间就完成了这项工作。当我们真正要去完成某项工作时,我们总会为自己的潜力感到惊讶。

如果说这个过程有值得吸取的教训的话,那就是没有谁的工程判断力是万无一失的。我相信宇宙是坚定的,它的存在和运行规律不会随着人的意志而改变。对宇宙真理的探索总是需要建立一个我们所熟知的模型,而这个模型是与宇宙相近的或是宇宙的替代物。

我一直根据我的已知宇宙模型对 TPS 进行判断。在我的模型中,最差情况总是出现在边缘或极端环境中。这是一种自然的推论。如果热量是有害的,那更多热量就是更有害的,而最大热量则是绝对有害的。但事实证明,我的自然推论是错误的。正如我母亲跟我说的那样:

别总是想当然,这会让我们失去方向。

在对我们所了解的那部分宇宙保持信心的同时,我们还要对我们不了解的那部分宇宙保持怀疑态度;我们要在这两者之间取得微妙的平衡。再次借用拉姆斯菲尔德的说法,这两者包含了"众所周知的事物""已知的未知事物"和"未知的未知事物"。我认为,工程的艺术(或由此引申而来的事业或人生的成就)在于一个人如何才能找到"未知的未知事物",并将它们变成"已知的未知事物",以及如何尊重更多未被发现事物或从不被发现事物的可能性。

根据我的经验,一个人年纪越大、越睿智,他就会变得越善于判断和感知"未知的未知事物",并对这些事物是否浩大产生一种直觉印象,而且以某种方式控制好它们。当然了,这一切都是在没有对这些事物进行刻意和清晰描述或缺乏解读能力的情况下完成的,因为这种做法会立刻将它们硬塞到"已知的未知事物"类别中。我认识很多聪明的人,他们在高中时代就获得过物理学奖,在加州理工学院就读时又门门功课得满分;当他们往往低估那些"未知的未知事物"。他们意识到自己聪颖过人,而在他们的宇宙模型中,才智总是战胜一切的。我在火箭科学领域已经工作了相当长的一段时间,而且从中学会不少谦卑做人的道理;然而,有时候我还是觉得自己是他们当中的一员。

最近,我一直在致力于帮助团队开发一个取样系统,为下一次大规模的火星探险活动做准备。该系统将从火星地表的岩石物质中抽取岩心样品,并将这些样品密封在特制容器中,优先装运到地球。我们所面临的主要挑战之一就是要保持我们的设备处于一种极其洁净的状态,这样,当我们把样品送回地球并拆封的时候,我们不会发现源自地球的微生物或其他生命形式,并得出"火星存在生命"这种错误结论。

飞船的组装工作是在一个特别干净的厂房内完成的。尽管飞船本身已经极度干净,而且组装飞船的技术人员从头到脚都穿着白色的连体工作服，但你仍然会发现，各种微生物都在等着"搭顺风车"。因此，假如生物学家和物理学家不同心协力的话，我们所面临的挑战将会非常大。对生物学家来说，微生物无处不在，很难追踪其迹象（但也不是没有办法追踪）；而对物理学家来说，微生物正如空气中随风而来、随风而去的其他颗粒一样，其运动轨迹是可以追踪的。在弥合这种沟通差距的过程中，我们所有人都要意识到，每门学科所依赖的宇宙模型并非宇宙本身。只有当我们意识到我们的"真理"只是一个模型的时候，只有当我们让我们的模型与其他模型进行竞争的时候，我们才能到达宇宙的任何地方。

第 11 章

防微杜渐

　　当我们在打造一个像 EDL 这样旨在把飞船送上火星的系统时,我们很容易会把全部精力投入到一些"搅局的事情"当中,比如 PICA 材料、2.25马赫速度条件下仍能运作的"盘—缝—带"结构降落伞,以及大推力深度节流联胼单组推进式发动机等(该发动机具有创新的独特新设计,推动了物理学定律的进展)。

　　与此同时,我们还很容易完全忽略这些花哨技术背后一些毫不起眼但极其关键的元素。请记住,我们可以编写出人类历史上最复杂的 EDL 软件,但让耗资数十亿美元的项目夭折的因素或许就是我们在美国无线电器材公司(Radio Shack)买来的某些零部件。

　　就我个人而言,这不是一件令我难过的事情。我不想看到这种事情发生。我们与众不同的、采用最尖端技术的新系统居然与 20 世纪 60 年代以来发射的每一艘飞船所使用过的功能性零部件一样,而这些零部件有可能让我们的新系统失效,这是最令我郁闷的一点。

　　在我接手 EDL 小组的时候,我的首要任务就是巩固团队架构,稳定人心。接下来,吸引我注意力的第二项任务则是梳理我们组合在一起的东西,真正理解和完善我们所选择的每条路径的各方面因素。我们已经花费多年时间开发尖端技术,克服了天空起重机和雷达系统等难题;但现在,我们要关注那些从本质上来说与 EDL 系统毫无关联的东西。它们是一些普通的零部件,很容易编入预算中,也很容易预计被用于什么地方,比如用于太空通信的无线电收发报机、用于动力系统的电池、我们已经用了几十年的天文传感器衍生品、飞行软件及诸如此类的元器件。它们的作用就是进行一些简单的算法、保持地空通讯、采取适当措施、保持同步信号等。可问题在于,它们要精确地执行这些算法,绝对不能出一丝差错。

当人们遇到这种看似平常的问题时,也会面对类似的挑战。人们很容易理所当然地认为,工人不会花时间探索理论前沿,从不炫耀或卖弄自己,他们不是空谈家,不想"像太阳一样照耀每一个人";但尽管如此,他们还是非常善于拧螺丝、检查数据寄存器和使事情运转起来。

不光是我们需要这两种类型的人,每个团队当中每种类型的人都需要足够的自知之明,知道如何进行更大范围的互动;而且还要知道,无论每个人的工作是如何地孤立或相对乏味,也要为全局服务。

在"火星科学实验室"的 EDL 小组中,我们的人员管理瓶颈体现在一位名叫马丁的工程师身上。我最讨厌两种人,第一种是不尊重别人和不讲真话的人,第二种是隐瞒消息的人。马丁属于第二种人。和他打交道的经历是我管理生涯中的最大败笔。

当我在 2005 年加入 EDL 小组的时候,马丁就已经在这个团队当中了。当时,他在测试平台里做测试,那里面到处都是我们将要在飞船上使用的计算机,他的特长是负责软件维护功能与 EDL 各种令人眼花缭乱活动的接口。换句话说,他负责所有基本的实用性职能,就像维护城市电网或核反应堆那么简单。这些系统都是极为重要的,但与遨游太空和登陆火星本身没有什么直接关系。我不太关心他所做的事情,或者跟你说句实话,我也不太重视他的工作。

制导、导航和控制这种驾驶宇宙飞船的自动化行为是"搅局的事情"之一,但这种行为背后的是贯彻导航与控制高尚意图的软件。类似于"打开降落伞"这样的命令可能要求六种截然不同的行为。对我来说,这项工作的细节程度相当于我的智能手机工作模式。我的手机可以做各种神奇的事情,但坦率地讲,我丝毫不会管它是如何做到这些事情的。我想要的就是当我按下按键,就能拨通我想打的电话。这个道理也同样适用于宇宙飞船。当我们发送关闭天线的指令时,我觉得天线应该关闭,事情就这么完成了。我也知道,这种想法可能是不成熟的,甚至有点幼稚;但是,让我感到沮丧的一个问题是,有些事情我们过去曾经做过数百次或数千次,为什么这种事情还是不能成为笃定的事实呢?一百年前,启动一辆新型汽车可能只有 80% 的成功率;而在今天,当你转动汽车钥匙(或按下启动按钮)启动汽车的时候,失败概率大概只有 0.01%。我们现在可以假设汽车的基本架构是能够有效运行的。

尽管我们(此处指人类、美国人、喷气推进实验室员工)从 60 多年前就一直在建造宇宙飞船,但规模经济和生产力现状意味着我们还没有机会真正地像做汽车或智能手机那样完善飞船的可靠性。这的确让人沮丧和懊恼,但也是客观事实。

马丁所负责的系统本来就应该发挥这些功能。他既承担部分程序员的工作,又承担部分测试员和绘图员的工作。他用软件和子系统来完成那些工作,而且他非常善于做这件事情。

对于自己工作的归属感问题,马丁有一种敏锐的直觉,但这种直觉可能相当脆弱。我对马丁的质疑在于他的归属感转化成了过度专有的行为。他不愿意教导别人,也不愿意与我和我分配给他的任何人分享信息。现在回想起来,我认为,他感觉自己的权力源于其他人都不了解他的工作;如果他敞开怀抱与人分享的话,他可能会失去自己的专有权力。

我的部分工作是确保在马丁职责范围内的事情能够顺利运转，而且这些事情与其他人正在做的基础和搅局事情能够适当结合起来。遗憾的是，马丁似乎将我对他工作的兴趣视为一种威胁。

最终，我放弃了温和的劝说，转而采用更直接的方式。以前我常常问他类似于这样的问题："你跟电源子系统人员的沟通进行得如何？"后来，我换了这样一种提问方式："你能不能教教我，上端开关（或下端开关）的错误遏制技术是如何工作的？"

在 2006 年年末，我聘请了一位名叫史蒂夫·赛尔（Steve Sell）的年轻人。他是个非常聪明的人，而且和马丁一样有着丰富的经验。我知道他愿意跟我交流，于是，我把他派到测试平台。我对他说："到里面去，我想了解它的工作状况。"

马丁的第一反应就是说："我要退出这个项目。"

我本应该让他退出的。我的第六感告诉我："壮士断腕，长痛不如短痛。"但我没有听从自己的心声。尽管我不喜欢"我要退出"这句话所带来的情感讹诈，但我担心我们没有时间对马丁的离职做出调整。当然了，团队的潜力总是超出我们的意想，而且假如他离开这个团队，我们可能也能应付得过来，可是，我没有勇气面对我的那些资深顾问和导师们。他们会说，有问题的不是马丁的态度，而是我的用人方法，即我咄咄逼人的风格和对马丁的工作内容缺乏足够的尊重。因此，他留了下来，局面从此更加恶化。

当我们在 2003 年启动"好奇号"项目时，我们最初制定的发射时间是 2009 年。"火星探测漫游者号"成功之后，我们好运不断，而成功会催生更大的野心，但我们要用谨慎务实的正确态度来稍微缓解一下这种野心。有多少企业在首次取得惊人的成就之后，在第二次大规模推出产品时遭遇失败呢？！

随着发射日期日益临近，我们内心充满了期待，而我们 EDL 小组比项目组的绝大多数同事都更接近发射前的准备工作。例如,大量用于建造和优化 EDL 设备以外的飞行电子元件需要进行整合,而这些元件会拖我们的后腿。比方说,我们会使用同一台机载计算机,但我们无法参与编写我们的 EDL 软件,更不用说对其进行测试了,因为那台计算机还没开始运行。

该项目还采用了太多怪异的解决方案,这导致我们遇到不少难题。最为明显的一个例子就是,我们想在遍布飞船(包括起落架)的许多发动机尾端安装轻质的耐寒变速箱。这些变速箱由重量较轻的钛金属制成,它使用一种特殊的硬镀式粉末润滑剂,而非采用油脂润滑剂进行润滑。这种粉末润滑剂能够产生一种干式润滑效果,即使在极冷环境下也能正常工作。可惜的是,这些方案并没有汇聚在一起,而变速箱也一直通不过寿命测试,这浪费了更多本不该浪费的时间。

只有经历过"暗室"期、知道自己对问题无计可施却不崩溃的人,才能担当建造宇宙飞船探索太阳系的重任。因此,为了不让自己恐慌,我们培养了自己的适应能力;但在努力适应和不断前进的过程中,有时候事情真的会变得像它们看起来那么糟糕,而此刻,我们不会采取任何弥补措施。有时候,在面对害怕和惊慌的时候,我们总是努力地保持"冷静"模式。

到了 2007 年,我们都应该意识到,我们已经赶不上 2009 年的最后发射期限了;但我们在压力之下意志坚定,所有人都"一根筋"地埋头苦干。我们告诉自己,只要一直坚持下去,我们就能实现目标。

实际上,我们只是离问题太近了,过于投入和专注于这个问题。我们需要更多时间去退一步思考,让我们的思维暂时不再高速运转,认真对待那些拖我们后腿的问题,发现其背后的深层真相。

我们需要的是更多显意识与潜意识结合的空间,但我们还需要一个持有怀疑态度的人。这个人能以初学者和局外人的眼光看待问题,他能够审视我们的项目进程并大胆说真话,比方说:"你们需要把想法推倒重来。"

适合扮演这个角色的人是罗布·曼宁。在"火星探路者号"项目中,正是他帮助我们准备了给宇航局局长迈克尔·格里芬的演示文稿。他一直在从事一个名为"凤凰号"的项目,该项目要将一架着陆器送到火星的极地区域。而在之前的火星探索计划中,他也曾与理查德合作过。因此,当他在 2007 年加入我们团队担任总工程师时,我们对他极为信任。

由于加入项目时间较晚,罗布可以脱离我们的视角看问题,这让他能够看清问题的本质。他还有一样本事,那就是当某件事必须要完成时,即使这件事需要采取极端措施,他也能说服理查德去做这件事。

罗布加入团队之后,便开始四处走动,他对同事们说:"告诉我——你最担心什么事情?"他把员工担心的事情收集起来,编写成后来众所周知的"曼宁清单"。思考和发现问题也是罗布的一部分个性。不久以后,他就开始向理查德做工作,证明我们还没有在发射日期到来前做好充足的准备。

罗布是一个非常有恒心的人。到了 2008 年秋,喷气推进实验室正式承认"火星科学实验室"项目遭遇难题,并将发射日期推迟到 2009 年到 2011 年之间。

每当遇到重大问题时,我们需要一些具有新思路的新人,以确保能够滴水不漏地考虑到问题的方方面面。尽管如此,有一种戏剧化因素仍在发挥作用。我们不能这厢宣布发现了重大错误,那厢却不做任何事情来纠正错误。

宣布项目遇到难题之后,最大的变化就是彼得·泰辛格从更高的行政管理岗位回来重掌帅印,而理查德·库克则担任项目副经理一职。这对理查德而言当然是一个巨大的打击。无论他是否应该被降职,他也只是替罪羊而已。但他只能接受这样的处理结果。

不过,外界也开始源源不断地给我们提供支援。达拉现在负责管理一个名为"集成系统工程办公室"(Integrated System Engineering Office)的机构,这是个存在时间相对短暂的、独立的机构,在某种程度上更像一个影子政府。他从这个新职位的角度给我们提供有力的支持。

当他考察 EDL 小组时,他开始就很多事情对我提出了严厉的批评,其中一件事就是我对待马丁的方式。"你吓着他了,"他说,"你不够善解人意。他需要一位合适的上司。"

达拉接管了这件事,并给予马丁向他直接汇报工作的权利,这实质上是让他不再受我的领导。现在,马丁拥有直接向达拉汇报工作的权利,但他也不想与达拉交流,更不想教他任何东西或以任何方式与达拉进行沟通。最终,达拉让他的得力助手乔尔·克拉耶夫斯基(Joel Krajewski)来管马丁,但这个策略也不奏效。

最后,马丁还是被推回我这里,可由于马丁保管的所有信息都被他死死地握在手里,我们的信息流和测试能力已经远远地落后了。

按照喷气推进实验室的矩阵式组织架构,参与项目的工程师上面都有一名主管,而主管上面还有一名注重人性化管理的行政上司。马丁的行政上司是理查德·康福莱德(Richard Kornfled)。当初我设法让史蒂夫·塞尔介入马丁的工作时,理查德一直在支持马丁对抗我这种激进的管理风格。他们两人的关系不错,我觉得我可以利用这层关系;于是,我让理查德负责工程验证和确认工作,并且让马丁向他直接汇报工作。我给理查德的任务就是使马丁打开心扉。

在接下来几个月的时间里,理查德的工作进行得很吃力,工程验证工作也滞后不前。在合作做某件事的过程中,新问题总是不断出现,而我们又不得不去处理这些事情。因此,我们得放下手头的事情,让别人帮我们履行职责,并学会授权和下放权力,而这些都是马丁不愿意做的举动。他不让别人接触具体的技术细节,他由于内心的不安全感而把所有事情都抓在手里,这会导致问题一直存在下去,再过几年也无法得到解决。

当我们在2008年承认项目遭遇难题的时候,每过一天,我们就要花费上百万美元,而推迟发射就意味着多增加400天时间。随着计划期限有所宽松,为了节约费用,我们要把科研人员从花销巨大的"火星科学实验室"项目中抽调出去,到需要派上用场的时候再抽调回来。因此,我们大多数人都被移交了出去,兼任其他项目的开发工作。约翰逊航天中心的载人航天项目团队也邀请我帮助他们解决EDL系统设计过程中遇到的一些难题,为载人飞船从月球和火星搭载宇航员顺利返回地球提供帮助。

我在休斯敦待了一段时间。当我回到帕萨迪纳的时候,"火星科学实验室"项目开始有起色了。理查德·库克对我说:"好了,你的团队又回来了,你准备好防微杜渐了吗?"他知道我对马丁心存偏见,也知道我需要消除这种偏见;但他也向自己和整个项目提出了同样的问题。现在,我们所有人都应该关注所有细节上的验证和确认工作,而我首先要做的,就是想办法解决与马丁共事的问题。

我现在已经意识到,我们需要一个精力充沛之人,他要更适合在测试平台工作;而且这个人能够胜任马丁所做那种类型的工作。我们需要一个能完成这项工作的人,而没人比安·德芙洛(Ann Devereaux)更适合这项工作了。

安是美国南方人,她有着一股咄咄逼人、言辞犀利的气质。她从基础岗位一步步成长为飞船无线电系统的设计师;她所做的工作完全与马丁一样,负责飞船无线电系统的互联、软件开发和测试等具体工作。

我是那种能够记住一些关键定律的人。我可以从这些定律中推导出其他人的行为方式，但我却不太善于分解事实。像安这样的人更善于罗列清单，将记忆中互不关联的事物串联起来；他们会记得一些杂乱无章的事情，却没有一种广义的理论让这些事情产生关联。

安试着与马丁打了一回交道，可就算是她，也发现马丁是个不容易对付的人。不过，她是那种愿意并且有能力认真对待细节的人，她在这方面比我们任何一个人都强得多。由于安与马丁有着类似的经验，她有能力接手马丁的工作，投入大量时间，直至完成项目。后来，她聘请了几名年轻工程师加入我们团队，帮她分担马丁的工作量，基本上让马丁成了局外人。因此，马丁担心了大概五年的事情终于发生了，而这一切都是他的咎由自取，他实际上已经出局了。

此时，我们还未开始使用任何新的硬件解决方案。用于计算我们如何将"好奇号"送上火星表面的飞行软件基础算法已经用了六七年了。但是，算法的具体编码方式以及该编码如何与其他编码进行对接，从而启动飞船内部动力系统、无线电通信、开关按钮和焰火等功能都是一些非常繁琐的事情，我们现在只能准备进行改进和测试。

2011年6月6日，在肯尼迪角（即卡纳维拉尔角）的航天器操作中心控制室，EDL团队的15名成员聚集在控制台周围。此时距离飞船的正式发射还有6个月，这在飞船的开发周期中只能算很短暂的一段时间；而在我们面前的是一艘已经建好了的宇宙飞船，而不是原型机。它在无尘厂房里被安装好，我们准备开始测试飞行软件。我们有很多台计算机向着陆器发送指令，让它确信它正在计算机的引导下穿越火星大气层。

我们向火箭发送了点火信号，阀门发出咔嗒声。在这种模拟飞行中，我们是不会使用射伞枪的，但从机械装置的动作中，我们能够确认电气系统刚刚已经完成点火动作；如果安装了射伞枪的话，它就会被启动。所以，现在我们已经打开降落伞了，我们准备用雷达寻找地面。接下来,我们扔掉降落伞,开始模拟垂直降落到仿盖尔陨石坑的过程;这时候,我们还在等待雷达发挥作用。飞船此刻矗立在另一个房间,搜索着来自地球的模拟返航信号,以便让 EDL 的剩余动作顺利完成。在模拟环境中,我们跟着降落伞一起坠向火星表面,悬着一颗心等待着,等待着⋯⋯已经快超时了。

米盖尔终于忍不住了,他把眼镜往头顶一推。"结束了,"他说,"我们失败了。"他凝视着控制台,喃喃自语说道:"我们没有探测到地面。"

如果这是真实飞行的话,恐怕我们刚才已经在火星表面留下一个冒烟的大坑了。

这是我们迄今为止做过的最真实的模拟试验,但结果不尽如人意,尤其是在距离发射日期如此近的情况下。这次试验结果引发了一连串的通宵加班,我们检查每一个部件,希望能找出造成失败的源头。我们发现,那些无比复杂的"搅局因素"居然都能正常工作。我们的 EDL 算法或飞行软件没有任何问题,飞船的计算机也没有出任何差错;出错的是一些不起眼的部件,即我们测试设备中的日常部件。测试系统(即模拟飞船周围宇宙空间的计算机)从来没有从虚拟火星上发出雷达反射信号,或至少没有以真实雷达能够识别的方式发出信号。最终,在我们引以为荣的测试中,我们的降落伞一直向下坠落,并以每小时 200 英里的速度撞向虚拟地面。事实再一次证明,不充分重视平常的事情,险情就会不期而至。

不知何故,在"火星科学实验室"最紧张的阶段,我却从离婚的阴影中走了出来。我遇到了一位叫翠莎(Trisha)的年轻女子,她在喷气推进实验室的教学推广处工作。在我看来,她在各方面都是睿智之人,这是她越来越吸引我的原因。

2011 年 8 月,就在"火星科学实验室"发射前 3 个月,我们在我叔叔迪克(Dick)位于纳帕山谷(Napa)的葡萄庄园举行了婚礼。从 1968 年开始,他就一直在这里酿造葡萄酒,这个葡萄园刚好位于鹿跃庄园(Stag's Leap)下方。婚礼现场被安排在葡萄园边上一个风景秀丽的泳池旁。婚礼在黄昏时分举行,所有宾客在户外的一张大桌子上用餐;我请了一位阿根廷厨师用他们称为"铁板烧"的金属架进行大型露天烧烤。我母亲出席了婚礼,但遗憾的是,我父亲没能参加我的婚礼——由于常年酗酒,他在三年前就去世了。

在我第一次结婚的时候,大多数来宾都是露丝安或她家人的亲朋好友。现在,我可以很骄傲地说,我也有了属于我的喷气推进实验室大家庭。米盖尔来参加了婚礼,汤姆·里维利尼也在宾客当中,而理查德·库克则为我们主持了婚礼,因为根据加州法律,非神职人员也可以主持婚礼,我们正是利用了法律上的这样一个疏漏。

我们没有时间去度蜜月,只能在棕榈泉市(Palm Springs)过了几晚,然后就回实验室为飞船的发射做准备。但不久以后,翠莎就怀孕了。

到了 10 月份,EDL 小组终于弄出了一些我们能够放心发射的东西。它不是我们想要的最终版本,但登上火星表面的概率很大。

飞船已经在卡纳维拉尔角完全组装完毕,就等着在 10 月份举行最后一次发射预备审核会议。

正式发射日期定在 11 月 25 日,也就是感恩节后的第一天。我和翠莎决定去把卡列多尼亚接过来。当年,她还是个嗷嗷待哺的婴儿,就在那里见证了"火星探测漫游者号"升空。我仿效韦恩·李之前的做法,把过去和现在所有的 EDL 同事都邀请了过来。就算我的同事们不得不像韦恩那样自己承担来回路费,至少我可以把奖章给他们准备好。

我和家人坐飞机到奥兰多市,然后再开车前往卡纳维拉尔角。可可海滨度假村(Coco Beach)到处都是为航天人准备的度假公寓,我们预订了其中一间可以远眺亚特兰大市的公寓,并在飞船发射前一天让客房部安排了一顿感恩节大餐。

我们10个人吃了一顿传统烤鸡晚餐。我的叔叔迪克也来了,他拎着一瓶"施特尔茨纳皇室红酒"来参加聚餐。他长得太像我父亲了,让我不由得百感交集。我的父亲一辈子都被关在他自己制造的牢笼中,这个牢笼正是他对于失败的恐惧。我却找到了一条无畏之路,走出了那个可能会禁锢我的牢笼——我差点就被它毁了!

但是,这些年来,从求学到任教(最重要的是成为大学教授),然后成为喷气推进实验室的领导,在我的职业生涯中,我学到的不仅仅是闭着眼睛往下跳,还学会了睁开双眼,勇敢地看看我要跳下去的地方。我已经学会了凡事保持质疑的态度,学会遇到挫折时坐下来思考,还学会了这样一个道理:人难免会有一死,但如果你活着的时候不害怕死亡,那死亡也就不是一件可怕的事情。但愿我父亲在天有灵,能看到我这辈子所付出的努力。我多么希望他能跟我分享这一切!

THE RIGHT KIND OF CRAZY

第 12 章

惊险七分钟

现在，我们把所有必要和不必要的硬件都安装在了飞船上，飞船正在太空中遨游。但这次，我是 EDL 小组的头儿，我不能马上投入下一个项目当中，也不能作壁上观，因为我还要关注或改善一些问题。我们要把软件升级信号通过无线电传输给飞船，直到成功着陆为止，因此，我们的注意力都转移到这上面来了。在接下来的几个小时里，我们的压力更大了。

随着飞船不断接近目的地，我们还要完善作业方案，改进我们对来自飞船的数据的行动和响应方式。紧接着，我们进入了作业待命测试状态。如果我们发现现有团队正在用比预期更长的时间生成数据产品，那我们就要扩大团队，而这意味着我们要与规模扩大后的团队再次进行练习，以提高他们的互动水平。如果我们为了处理数据产品而决定更改地面软件，那我们就得重新验证该软件。

我们还要制订一个对策，用来应对飞船接近火星时出现的意外状况。没错，我们已经就一些假设状况做过相关测试，例如："如果轨道偏离了这么多，我们该怎么办？"我们准备了六套"飞行轨道变化应急方案"（简称 TCM），以确保飞船在正确的切入点进入火星大气层。但由于我们的 EDL 系统采用的是制导进入大气层的方式，因此，只要我们知道飞船偏离轨道的程度，就能在大气层顶部对目标偏位进行调整。EDL 系统已经建立起一种有趣的平衡法则（也许你还记得，本书开头已经谈到这点），它可以平衡由轨道变化所引起的飞行风险和 EDL 风险。

与此同时，我们继续进行"验证与确认"流程，即反复地对软件进行测试、升级和再度测试。我们要做到每一个环节都完美无缺，比如，我们运用排错算法搜寻问题，并尝试发明一些测试方法来检验每一行代码。我们安排专人仔细检查那些测试结果，这是一项相当辛苦的工作，整个过程就像是在抛光一枚银币，让它的触感越来越精细，几乎已经达到了吹毛求疵的地步。

在这个阶段，那些关注细节、做起事来巨细靡遗的人就成为我们的明星员工。我们有安·德芙洛和理查德·康菲尔德带领团队，还有很多年轻工程师夜以继日地工作着。他们经常在周六凌晨 3 点就来到实验室，花 6 个小时"拼凑"出一堆电子设备，把它当作飞往火星的飞船仿制品，这样我们就能在周末的剩余时间对其进行测试（一般而言，人们在启动笔记本电脑的时候，只要花大约 3 秒钟时间就会看到电脑已经完全启动并运行了；而对我们来讲，这个启动过程要花 6～8 个小时）。

在这个阶段，我们逐渐认识到，"天赋"（这里指集体天赋）的定义就是承受痛苦的无限能力。我们所做的每一件事情都是需要付出大量劳动的，我们要在一个无比单调乏味和充满压力的管理体制中不断地细化和重复检查各个环节。每个人都可能有疯狂的想法，而光有 1% 的创意是不够的；从某种意义上说，只有 99% 的汗水和行动才是对我们的真正考验。

米盖尔的一大优点就是他能够一直关注细节，并从繁琐的细节中找到最具风险的因素。以导航为例，EDL 小组需要改进与史蒂夫·李（Steve Lee）所领导的飞行小组的协作问题。例如，我们如何才能完成对接？在导航过程中产生的误差将会如何演变成 EDL 的风险？在飞船从地球飞往火星的路途中,假如导航出现误差,我们如何才能运用我们的 EDL 能力来减少由这些误差所带来的风险?

我们进行了一系列的预演,每次预演持续 3～4 天时间,而且每次预演的水平都在上升。首次预演更像是戏剧表演中的一次初演,它不是现场演出,因此,我们随时可以叫停,对剧本进行浓缩和延展,然后再重新开始。第二次预演是分片段连贯进行的。第三次预演则是全程实时进行,不分昼夜,该在凌晨 3 点钟做的事情就在凌晨 3 点钟做。我们有能够给我们提供特定条件的天气预报;还有一个专门在模拟环境下用完整数据集制造问题的"揪错"团队,我们必须要分解这些数据,从而解决问题。我们不希望在真正执行任务时发生任何意料之外的事情。

在最后一次预演的时候,我们甚至让所有人都穿着自己的"火星科学实验室"着陆之夜官方版纪念马球衫,这样,我们在镜头面前就有统一着装的效果。我们的设想是,届时将有 5000 万人收看这一盛况,而我们要向大众传递某些重要的信息,所以,我们要让自己显得精神点儿。

在着陆前 72 小时,米盖尔发现导航中心出现误差,这让我们陷入最后一轮忙乱之中。到了周六早上,我们决定在这千钧一发之际更改软件参数。这天剩下的时间里,我们对着飞行任务控制室的计算机屏幕,不停地更改着一连串的数字。

直到晚上 10 点钟左右,我才回到家睡觉。在过去 9 年里,我一直都在从事火星着陆项目,其中 7 年负责 EDL 小组。我喜欢这种高强度的工作,但高强度也意味着我很长时间没有睡过好觉了。那晚,我像婴儿般熟睡,我也不知道为什么会这样。当我们知道自己做什么都无法影响最终结果时,反而会变得更加冷静,也许是出于这个原因吧。EDL 小组现在已经听天由命了,我们已经竭尽所能,时间会证明我们的努力是否已经到位。

周日的早晨明媚温暖。我记得那天我和待产的妻子一起喝了早茶，然后我对她说："好了，我得去上班了，让我们拭目以待吧。"

早上 7 点半，EDL 小组上班的第一件事就是召开火星大气会议，检查来自火星的天气报告。这场会议确实令人焦躁不安，因为如果火星的气候条件发生巨大变化的话，我们就得做出相关调整。尽管如此，我们还是让六名气候专家仔细查看来自火星勘测轨道飞行器（Mars Reconnaissance Orbiter）的气象数据，以确保我们知道火星在我们着陆期间会给我们造成什么麻烦。火星上的天气是出了名的不稳定。如果你站在火星地面上，从头到脚的温差可以达到 40 华氏度（约 4.4 摄氏度），而且尘卷风说来就来；在一到两天时间内，火星上就会出现区域性或全球性的沙尘暴。幸运的是，天气预报说火星当天天气晴朗。就天气而言，这天是最适合飞行器着陆的。

到了下午，飞行任务后勤保障区除了等待就没什么事可做了，因此，我离开实验室，找个地方休息片刻。我先是到帕萨迪纳市的火星协会做了一场演讲，然后回家跟到我们家做客的叔叔婶婶和堂兄弟们打个招呼。

然后，我又回到了喷气推进实验室。所有人都在紧张兮兮地嚼着花生。这是喷气推进实验室从 1964 年沿袭下来的一项传统。当年，美国的探测器登月计划失败了 7 次，自从喷气推进实验室开始吃花生之后，月球探测器就登月成功了。

我把团队成员集中起来，进行最后一次动员讲话。"木已成舟，"我说，"无论结果是好是坏，我们已经尽力了。至少对我个人而言，我看到了大家的努力付出，我觉得我们已经做得很好了。实际上，我认为我们的表现相当出色。所以，无论接下来发生什么事情，你们都要为自己感到自豪。"然后，我们下楼来到喷气推进实验室大厅，准备在专门供媒体拍照用的同尺寸火星车模型旁合个影。

不是每个人都有空出来，但只要手上没工作的人都和我下楼合影了。全国媒体把我们的火星车复制品围了个水泄不通，电视台记者正站在它面前进行报道；但我们强行挤了进去，基本上抢在他们播送节目之前把火星车当作我们的集体照背景。我们甚至没带摄影师过来，因为我们知道这里有上千台照相机对着火星车模型。果不其然，我们的好朋友、喷气推进实验室的专职摄影师汤姆·威恩（Tom Winn）也在场，所以我们刚好能拍一张全家福。

我们摆好姿势，拍完照，然后所有人互相拥抱在一起。我对团队成员说，无论前方等待我们的是成功还是失败，能够与他们共事是我职业生涯中的最大荣耀。这是我的肺腑之言。然后，我们都说："待会儿见。"我们之所以说待会儿见，是因为我们要去往两个截然不同的方向，有些人要前往"作战室"，而有些人则要去飞行任务后勤保障区。

接着，在 8 点钟之前，米盖尔和我播放了弗兰克·辛纳屈（Frank Sinatra）①的歌曲。

"作战室"是 EDL 小组的主力部队监控数据传入的地方。当着陆器向火星表面降落时，我们要追踪各项详细数据，观察降落过程中是否出现任何问题。飞行任务后勤保障区则是全国媒体都关注的地方。而随着事态的发展，这里将会成为我们获得荣耀或接受冷嘲热讽的地方。倘若是后一种情况，那我就是要背黑锅的那个人。

当飞行任务后勤保障区周围的房间继续涌入政客、加州理工学院的大人物以及来自宇航局和喷气推进实验室的高管时，这种感觉就不同了。我心里有太多需要注意的事情，但我偶尔还是会认出一位前任州长或参议员。

---

① 弗兰克·辛纳屈，1915 年 12 月 12 日出生于美国，20 世纪最重要的流行音乐人物之一。——编者注

现在时间是晚上 8 点半，我们每个人的电脑屏幕上布满了各自需要关注的各种格式的飞船数据。

我们现在已经进入"限制活动区"。在这个区域内，我们不能站起来或到处走动。我们在这段时间内还可以接受全国媒体的采访。我们可能随时要拿着实时数据到其中一家电视台接受访问。我们不希望看到一大群人在那里貌似无事可干地挖鼻孔或到处闲逛，好像没有全身心地投入这个大事件中似的。

再过两个小时，我们就要到达 EDL 的关键阶段。因此，现在是"静音"时间，即我们命令飞船不再听从我们的指令。我们不想任何信号或噪音（无论是偶然引起的还是有意为之的）使飞船偏离航线。

在进入大气层之前的 9 分钟时间，巡航级开始分离。飞船发射后，它就一直保持螺旋式上升状态，这样的姿态能使飞船保持平稳向上；而在巡航级分离后，我们要让飞船停止旋转，这样隔热罩就会朝向正确的方位，防止整个模组被烧焦。我们的目标是让船体与水平面呈 15 度角，这基本上是大型喷气式客机在平整和易于滑行的跑道上降落时机头向上的姿势。

上午 10 点 24 分，气动外壳以大约每小时 13000 英里的速度进入大气层。我们的隔热罩将首先受到大气摩擦力的冲击，这将产生 9000 华氏度（约 5000 摄氏度）的高温。

我们现在已经迎来最恐怖的时刻。在这段时间里，我们接收不到任何数据，只能一言不发地坐等下一个消息。

我们得到的第一组数据表明，"β 值超出灾难界限"这组数据令人难以安心。"β 值"是指"偏航角"或迎角从一边到另一边的方向；"灾难界限"是指偏航角达到 10 度以上，说明着陆器在摇晃或倾斜，而且隔热罩可能没有指向正确方向，也就意味着着陆器后壳可能遭受热冲击，并且会焚毁。但是，这第一组数据来自最初几个测量结果，而这些测量结果是在画面细节尚未建立的情况下出现的,因此,这一阶段的信噪比数值非常高。然后,数据问题解决了,信息传递状况也得以改善,我们这才松了口气。

令人欣慰的是,现在数据开始源源不断地输送回来,我们没时间再去思考这个问题;还有,现在做什么也来不及了,因为数据从火星传回地球、再从我们向太空舱发回相应信号,这一过程所花时间至少是 13.8 分钟。

因此,我们只能静观其变。尽管我们所看到的"当下"发生的事情是在大约 13.8 分钟之前发生的,但我们也只能尽量忽略这一事实。我们尽量"活在当下",观察和吸收信息,对自己说:"好吧,这事已经发生了……好吧,这看起来还不错……好吧,我再等等看……"我们都是从计算机黑色屏幕上的一连串蓝色数字中获得这些信息的。当太空舱在大气层中逐渐下降时,我要核对这些数据点,而且变得越来越紧张。

当飞船以平行于地面的角度飞行并距离地面 7 英里时,那顶巨大无比的降落伞将会"啪"地一下打开,使飞船的降落速度从每小时 900 英里下降到每小时不到 200 英里。

然后,我们将抛掉降落伞,点燃火箭。着陆器已经位于着陆点上方(或者说,我们是根据雷达传输回来的数据流判断它已经到了着陆点上方),并开始直接下降,速度迅速降至 100 英里/小时,然后是 50 英里/每小时、15 英里/每小时。

现在,时间过得越来越快,我感觉自己就像坐在一辆失控的雪橇车上往山下滑,周围的一切从身边呼啸而过,我完全赶不上它们,并且对此毫无办法。所以,眼前所发生的事情让我应接不暇,我只能静静地观察。

我们的雷达锁定了目标,它发现了着陆地点。着陆器现在距离地面只有 200 米,这是洛杉矶市最高建筑物的高度。我一直在等待着,希望灾难不要发生。现在每一分每一秒都过得很慢,时间简直慢如蜗牛。

现在,该轮到天空起重机闪亮登场了。

负责飞行动力系统的陈友伦(Al Chen)通过功率扩大器对降落过程进行现场解说。他在时刻读取遥感数据,并在着陆器开始自由落体的那一刻告诉我和其他人着陆是否成功。

"天空起重机启动。"他宣布说。

天空起重机开始放下火星车。着陆器此刻距离地面 22 米,而它的降落速度也从每秒 32 米下降到步速。我们那辆体积接近紧凑型汽车的火星车刚刚脱离下降级,正随着缆绳自动卷绕而下降。缆绳此刻是紧绷的,下降级也继续沿着它的预设轨道下降。

然后,我听到了"上帝的声音"——朱迪·戴维斯(Jodie Davis)通过语音操作通信系统所说的话:"可能已经着陆成功。"下降级的计算机被安装在火星车里,它注意到油门已经降到一个较低位置,于是火星车认为它已经着陆了。

火星车真的在火星上着陆了吗?反馈数据告诉我们,它已经开始启动一系列操作流程,其中最重要的一个环节就是切断缆绳。在收绳的卷轴顶部有一个表簧、一个铁砧、一个切绳器和一个焰火填充器。如果一切顺利的话,在适当的时候,炸药会"砰"地一下爆炸,让切绳器同时切入三根尼龙绳。第四根绳子是电缆,它会多连接一段时间;然后,又是"砰"的一声,这根电缆被隔断了,下降级马上飞离降落点。我们希望一切如此顺利。如果绳子没有切断的话,下降级可能会拖着火星车一侧,或者在下降级飞离降落点的时候把火星车带走。

然后,我听到有人说"RIMU 稳定"。RIMU 是"火星车惯性测量单元"(Rover Inertial Measurement Unit)的英文首字母缩写;"稳定"意味着火星车没有在一个斜坡上着陆,也没有横向移动,即证明它没有被拖着走。下降级很可能已经分离了。

我开始计数:"一······二······三······四······"

无线电通信工程师布莱恩·施拉茨(Brian Schratz)在用一个码表

进行 10 秒报数。我们担心的最后一件事情就是下降级发生故障，会落在火星车上，但它首先撞坏的将是火星车的天线。我们现在还能接收到来自火星天线的超高频（UHF）无线电信号，所以这是个好兆头，但为了弄清楚状况，我们需要天线继续发出信号。

我们成功了吗？我们这个疯狂的装置真的让火星车在火星地表成功着陆了吗？

我继续数着数，但数到 6 时，我的手指在空中停住了。我开始来回踱步。我们所有人都应该坐着的，但我不想坐着，我在来回踱步，我是一个踱步者。

布莱恩数到了 10，他说："持续收到超高频信号。"如果天线被撞到的话，它现在早就被撞坏了。

友伦看着我，在等我示意说这句话。

然后，我真的放心了，我可以抛开一切担忧，接受这样一个事实。我朝他点点头，他说："确认着陆。我们已经成功着陆火星。"

整个房间开始沸腾了。大家相互拥抱和高声尖叫，而我完全惊呆了。我使劲拥抱了一下米盖尔，突然间，我变得茫然无措。我终于知道网球运动员在赢得温布尔登锦标赛（Wimbledon Championships，简称"温网"）冠军时为什么会躺倒在球场上。为了这一刻，我们团队整整奋斗了 10 年时间……而在顷刻之间，这一切就这么发生了！而且非常顺利。这个方案起作用了！它看起来很虚幻，很不真实，但它就是管用！

那么，我现在该做些什么？长久以来，我一直专注于这件事情；而现在，我没必要那么紧张。我和米盖尔还要查看一些常规数据，但在那一两分钟时间里，除了上蹦下跳，我们什么都不想干。

现在，最令人开心、最主要的一项例行工作就是将火星车的控制权转交给另一个小组。从今以后，火星车就是他们的心肝宝贝了。他们要按照火星时间起居作息，带着 3D 眼镜，在"好奇号"休息的时候计划好它在第二天探索火星表面时要做的每一个动作。

时间已经过去了 40 分钟，但感觉就像只过去 2 秒钟一样。着陆团队已经庆祝完毕，一大半人已经离开控制室，去参加新闻发布会。但我们提前做了两个玻璃罐，并且往其中一个罐里塞满了大理石子。这两个罐子分别代表着距离飞船着陆火星的天数和飞船发射之后的天数。每一天，作为操作飞船远航仪式的一部分，飞行任务总指挥都会从代表着即将着陆火星天数的罐子里拿出一颗石子，把它放到代表着飞船发射之后天数的罐子里。现在，是时候把这两个罐子交到火星车团队手里，让他们开始计算"在火星上的天数"了。EDL 飞行总指挥基思·科莫斯（Keith Comeaux）和我把罐子转交给了他们。

我知道，我们无法重现 2004 年冲击新闻发布会那一幕。我们甚至不应该故意去做这件事，因为这种事情只有在自发情况下才有效，可我还是希望我的团队出现在新闻发布会上。这次，宇航局的领导们说："听着，和你的团队一起过来，但要保持安静。记得稍晚点再过来，我们会让所有人都进来的。"

但我的同事们又站在门外高呼："EDL！"我想让他们安静下来，对他们说："小声点！"宇航局的公关主管看到我了，并对我说："亚当，你在搞什么鬼？你应该到讲台上去。"这次他们终于让我发言了。

于是，我让手下们先休息一会儿。领导告诉我，稍晚点会让他们参加发布会的。我走进发布会大厅，走上讲台听领导们发言。美国宇航局局长查理·博尔登（Charlie Bolden）先发言，然后轮到总统科学顾问。他们都侃侃而谈，言语中无比自豪，但在我听来，他们的演讲都是老生常谈。

不一会儿，我突然听到手机有短信声。我把手机拿出来一看，原来是在会场外面的陈友伦在问我："他们不让我们进去，硬闯吗？"

我暂时没有给他回短信，继续听着与当下情形毫无关联的政治演讲。

友伦又发了一条短信："带我们进去。"

我回复道："冲进来。"

友伦回复说："他们不让我们进去，快打起来了。"

我的回复是："战胜他们。"

陈友伦、米盖尔、史蒂夫、德文（Devin）、戴夫、杰里米、保罗、弗雷德和团队其他成员果然冲进来了。就这样，在没有任何计划的情况下，我们重现了 2004 年前后冲击冯·卡门新闻发布中心的盛况。他们高喊着口号冲了进来，这一幕仍然让人觉得稍微有点做作，因为它是 2004 年的重演，但我们还是非常兴奋，在讲台上高举胳膊相互击掌庆祝。我真希望米盖尔也在那里和我一起庆祝。

然后，大家的兴奋劲稍微缓和了一点，会场恢复了秩序，我们这群人就坐在讲台后面。接下来又有几个人发言，但这些演讲让人感觉更靠谱一些。喷气推进实验室主任查尔斯·埃拉奇、彼得·泰辛格和理查德先后发言。当彼得和理查德发言时，我在讲台上俯视观众席，看着 200 多名团队成员、新闻记者和摄像机，不禁思绪万千。

这最初只是一份工作，是我的一份职业。为了这份工作，我加足马力，投入整个自我，但它仍然只是一份工作。我并没有带着促进人类进步或探索未知宇宙的抱负去从事这份职业。我只是想做一些事情，做一些了不起的事情。当我坐在讲台上的时候，我突然意识到这份工作的意义不止于此。它凝聚了人类的无穷心血。正是因为人性中的某种特质，我糊里糊涂地进入了这个行业并受到重用。我们所做的事情不仅是在外星上着陆，还有探索外星的努力、努力去了解我们所生存的世界和宇宙，以及我们自己。

现在轮到理查德发言了。他给予我充分的信任，有些信任是我应得的，但在大多数情况下，我感觉他对我信任过头了。我突然意识到，我还没有为这个场合写过任何发言稿，因为我还没想清楚自己想要表达些什么,我甚至都没有想过 EDL 会取得成功。如果预先准备好庆祝演讲稿的话,会有一种玩忽职守的感觉。

理查德推荐我发言。我顿时懵了,心里有点紧张。我听到他对我说:"说点有意义的话。"

我勉强把自己从万千思绪中拉了回来。"能够参与人类这一伟大计划,"我开始发言,"这份荣耀让我不胜惶恐。这项计划跨越多个国家,耗费 10 年时间,成千上万名科研工作者为之付出努力。作为一个美国人,我感到无比的光荣,因为我有幸能够领导如此强大的团队,更有幸生在这样一个伟大的国家,从而无畏地追寻我们的最大潜能并挑战自我极限。"

我想炫耀一下我最喜欢的泰迪·罗斯福说过的一句名言,即团队协作是"生活给予的最大奖励",但此刻激动的情绪让我说不出话来,我有种不知所措的感觉。最后,在这个"好奇号"成功着陆火星之夜,我向喷气推进实验室的所有同事表示了感谢。他们是世界上最优秀的科技工作者,我希望这群天之骄子能继续合作下去,朝下一个非凡的共同目标迈进。

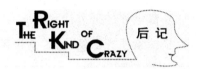

后记

　　尽管"好奇号"成功着陆火星对于我和我的团队意义重大,但在当时,我并不知道这件事对其他人的意义有多大。全世界的电视媒体都对此进行了报道,人们在周一的凌晨 1 点聚集在时代广场(Times Square),通过巨大的显示屏观看"好奇号"的着陆过程。

　　但是,面对媒体接连不断的采访要求和向公众发表演讲的邀请,我还是没有做好心理准备。我开始收到来自埃及、中国、印度和全世界其他国家的信件,这也让我有点始料未及。我收到一封来自英格兰的邮件,写信者是一名自然课老师,他从新闻报道上看到我喜欢园艺,而他本人也是一位园艺爱好者。他找我要一份火星着陆纪念品,于是我给他寄去一枚我亲自制作的、在火星着陆之夜送给团队成员的搪瓷胸针。还有一次,我在机场遇到一位性格直率的女士,她走过来问我:"你是亚当吗?"我说:"是的,我是亚当。"她说:"你给了我人生最美好的一夜!"有些中美洲小国甚至发行了印有天空起重机的邮票。

　　我感觉这种热情与人们观看世界杯足球赛或《与星共舞》(Dancing

With the Stars)①节目所表现出的那种激动情绪不同。许多和我联系的人形容他们所看到的东西意义深远,这是大多数轰动一时的媒体事件所无法企及的。他们似乎开始意识到登陆火星是我们人类自身在宇宙中的虚拟延伸。借用动画片《辛普森一家》(The Simpsons)当中的人物杰布迪亚·斯普林菲尔德(Jebediah Springfield)的说法,我觉得他们已经认识到,探索地球外部世界的努力让我们所有人都"变得高大"。

我敢肯定的是,火星探索任务已经让我"变得高大"。

"好奇号"成功登陆火星三周后,我的女儿奥丽芙(Olive)出生了,这标志着我的个人生活已经完成转变,而这种转变又反过来让我的职业生涯完成了转变。那个在"火星探测漫游者号"项目中疯狂且封闭的家伙已经不复存在。我经历了离婚和再婚,并且有意识地付出了许多努力,我认为自己已经获得一个更完整的人格;然后,"火星科学实验室"的成功让我的情绪变得稳定,这种稳定的情绪解放了我,让我能够在从事创造性工作的过程中从容地扮演任何角色。在必要的情况下,我可以站在幕后;在关键时刻,我也可以扮演英雄或恶人的角色,这没有任何问题。

2013年,我当上了喷气推进实验室的研究员,这意味着我从此以后的职业生涯将依赖于实验室的长期发展壮大和成功,以及我们国家在太空探索事业上的进步。这个身份还意味着,我不但要帮助我们的太空探索项目走在最高效的技术道路上,还要指导后辈工程师的工作,并且为我认为真正优秀的员工仗义执言。

不管怎么样,EDL都是我最称心的工作。我现在正开发一项新的超音速降落伞技术,它能够帮助我们将人类送上火星;我还在研发一种新的机器人技术,这种机器人可以应对土卫二和木卫二上结冰的不平整地面,而这两颗星球是我们下一步太空探索的首选目标。我还在从

──────────────

① 美国的一档电视节目。——译者注

事一项"2020 年重返火星"的计划，该项目采用与"好奇号"同样的着陆系统，但它的目标与"好奇号"不同。"好奇号"执行的是侦察火星和分析火星地表成分的任务，而这项新计划使用的火星车执行的是我们长久以来翘首以盼的"火星样品返回"任务。它要从火星地表筛选并获取地质样品，然后把样品送回到地球。最后，我们要把人类送上火星。因此，我现在正在帮助实验室开发人类在火星上生存所需的基础设施，包括火箭燃料发电厂和核电站。

米盖尔现在在从事一项彗星取样和返回计划。汤姆·里维利尼如今任职于苹果公司，他正在发明一些很酷的玩意儿，可惜他不能告诉我详情。陈友伦现在带领着"2020 年重返火星"项目的 EDL 团队；而理查德·库克则负责管理太阳系探索理事会（Solar System Exploration Directorate），他把自己的才华延伸到火星以外的其他太阳系行星探索上。达拉现在是工程与科学理事会（Engineering and Science Directorate)的总工程师。没有谁放慢自己前进的脚步，更没有谁沾沾自喜。对太空探索事业的激情和好奇心鞭策着我们所有人不断前行。

在我职业生涯的这个节点上，我确实用比以往更多的时间来思考我们进行太空探索的真正目的以及我们这样做的初衷。太空探索计划的狂热爱好者一直在吹捧那些间接的实际收益，比如，喷气推进实验室的全球无线电追踪网络间接地催生了电信产业。这种由"涓滴效应"所带来的科技进步的确存在，但在我看来，任何间接的实际回报都与我们继续探索太空的理由相去甚远。

我们以商业航空飞行为例。显然，这个行业是我们长期以来飞行探索事业的实际成果。每当我向不同团体发表演讲时，我通常都会在讲台后面的屏幕上展示一张我的自拍照，那张照片是我在来之前登机的时候拍的。但紧接着，我会播放一些 19 世纪末拍摄的影片片段，那时候，找到一种让发动机和机翼一起工作的方法尚属于尖端技术。我们可以从影片中看到，戴着蝴蝶领结和圆顶礼帽的绅士们背上绑着风筝，然后从桥上跳下来；还有一些人坐在机器上，从三英尺高的谷仓顶部发射升空，然后一头栽倒在地上，这种行为与自杀无异。

如果早期的飞行实验是出于实用目的，那肯定不会出现当时那种场景。事实证明，这种实验未来有着令人难以置信的用途，但对于那些在航空业萌芽期参与飞行实验的人来说，他们所做的事情显然与人类希望长寿的现实考量相左。这些想成为飞行员的人确实有点疯狂，但现在看来，这种疯狂是他们表达人性的必然手段。他们对飞行的探索不是出于实用的原因，而是出于"知其不可为而为之"的勇气。好奇心驱使着他们去"探寻"新鲜事物，他们想了解更多知识，让自己变得更强大，仅此而已。

我认为，对于第一个发明车轮的工程师或第一个通过投掷长矛来提升其穿刺力的人来说，他们的动机是十分相似的。这种动机也驱使着人类的第一个艺术家画出了人类历史上第一幅洞穴壁画，它赋予我们艺术、文学、哲学、宗教、喷气式客机、水力压裂技术、青霉素和智能电话。我很庆幸能成为一名工程师，这是一份最具人性化的职业，它既有创造者的一面，也有理解者的一面，正如西奥多·冯·卡门所说的那样："科学家研究已经存在的世界，而工程师创造全新的世界。"

我们人类是一个天生充满好奇心的物种。女性在分娩的时候，由于产道太窄，无法承受一个完全发育的人类大脑头骨，所以刚出生婴儿的大脑都是没有发育完整的。与其他动物相比，我们的行为很少是与生俱来的。比方说，我们没有从祖先那里继承筑巢或随季节变化而南迁的遗传指令。我们来到这个世界的时候，身上几乎没有携带任何遗传使命，上天只给了我们一道重要的指令——保持好奇心。

为了遵循这道指令，我们每个人都开始构建自己对宇宙万物的理解。无论是从我那两岁大的女儿还是70岁的同事身上，我都看到了这一点。我们都有探寻宇宙的本能,而且我们对宇宙都有着属于自己的理解。在好奇心的驱使下,无需任何人督促,我们也自然而然地想去探寻宇宙之美。我们没必要用股票期权和丰厚的薪水来激发人们的创造力,因为创造力是受好奇心驱使的。我们唯一要做的就是创造一个良好的工作环境,激发每个人与生俱来的好奇、提问和探索潜能。正如我们每个人在童年时期就建立了对这个世界的认知那样,只要有机会,每个人都会在好奇心和求知欲的指引下走完自己的职业生涯。

具备这种内在诱因的工作是我们进行创新的最强驱动力之一,而以好奇心为基础的决策远胜于因恐惧感而做出的决策。进化生物学家经常谈及"开拓"与"探索"这两种互补的生存策略,而这两种策略是每一个蚁群或蜂群似乎都能够理解的。就此而言,每个有机体、每个群体或企业都要在充分利用现有资源和为了不断探索未知领域而进行必要投入之间找到合理的平衡点。

我们出于人性的本能而去探索。我们之所以喜欢探索未知世界,不仅因为我们有这样的能力,还因为我们想通过这样的方式来确认我们到底是谁。如果我们人类社会停止了探索,那我们会成为什么样的人?我想,我们会变得停滞不前,既没有创造力,也没有建设能力;而停滞不前的社会迟早会引发巨大的灾难。正因为如此,培养和支持天生的好奇心仍然是人类最重要的生存工具之一。

在过去的700万年里,我们人类已经把活动范围扩展到整个地球,而有时候,人类的这种迁徙看似非常疯狂。50年前,人类登上了月球,然后又向火星进发。在这一路上,我们留下了人类的基因和模因(即思想、技术和传统等文化基因,与生物基因相对)。

人类以团队模式进行探索和扩张,但我们前进的步伐并不完全一致。忠诚和协作固然重要,但个人主义和创造性冲突也同样重要。然而,我们要让冲突一直保持它的创造性而非破坏性,从而使思想成为冲突的赢家,而不是让人成为赢家。这才是追寻真理的意义所在。人类之所以能取得巨大成功,是因为我们在努力寻找真理,而不是把自己变成真理。与地球上的其他生物相比,人类的独特之处在于我们总是对真理和知识孜孜以求。在追求真理的过程中,我们难免会表现出一些古怪的行为,发明一些奇特的事物,而且有时候表现得非常疯狂,但这种疯狂也许恰到好处。

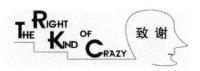

致谢

我们都是社会动物。我们的本性一部分是天生的，另一部分则源自身边的人对我们的影响。本书的很多故事发生在加州理工学院喷气推进实验室。喷气推进实验室汇聚了我所认识的最优秀的人才，而我这辈子最幸运的事情之一也许就是成为这间实验室技术团队的一员。实验室犹如一位伟大的导师和兼职理疗师，我可以在里面肆意地实践自己的人生理想。在实验室工作的那段光阴极大地影响我的职业发展。我永远感谢实验室的许多顾问、导师和朋友。我还要感谢深爱着我、理解我的妻子翠莎以及我的两个女儿卡列多尼亚和奥丽芙，没有她们的帮助，我就不可能完成这本书。她们的耐心让本书得以成型。这本书也离不开合著者比尔·帕特里克和责编妮基·帕帕多普洛斯（Niki Papadopoulos）的巨大努力；比尔搭建了故事的架构，而妮基则给我提出了无数睿智的问题，帮助我理清了写作思路。大约 3 年前，我给我的文学经纪人丹尼尔·格林伯格（Daniel Greenberg）打了第一通电话，从此开启了本书的写作之路。丹尼尔，谢谢你为我开启这段冒险旅程并为我保驾护航。一路上，我从朋友和同事那里寻求建议。他们帮我阅读书稿，给我提供均衡的观点，我要在这里感谢他们。不过，给我最多帮助的还是我的好友马克·戴维斯（Mark Davis）。谢谢你，马克。俗话说得好："众人拾柴火焰高。"也许建造宇宙飞船或写作同样需要劳师动众。如果真是这样的话，能够在这个大家庭中快乐生活，那是我的福分。